内蒙古民族大学民族学人类学研究丛书　　　阿拉腾嘎日嘎　主编

张艾力 / 著

民族教育扶贫理论
及其内蒙古实践

社会科学文献出版社
SOCIAL SCIENCES ACADEMIC PRESS (CHINA)

本书为"国家社会科学基金西部项目"

"内蒙古地区贫困人口现状与脱贫对策研究"（项目编号：12XMZ09）的阶段性成果

总　序

中国是各民族"多元一体"的国家。内蒙古自治区是我国最早成立的少数民族自治区，也是我国多民族聚集的模范自治区。内蒙古民族大学位于内蒙古自治区东部，坐落在通辽市科尔沁区，是自治区唯一以"民族"冠名的综合性大学。建校 60 年来，我校各级领导和全体教职员工筚路蓝缕，为民族地区经济社会发展培养和输送了大批有用之才。学校初建便埋下马克思主义民族学教学的伏笔，贯穿于"政治理论""民族理论"课程教学中，改革开放以后，尤其是自从费孝通先生在北京大学设立"社会学人类学研究所"以来，我校的民族学学科在教学、研究的内容、形式、范围等方面与国内其他高校同步转入宏观意义上的民族学领域。

六十载栉风沐雨，弦歌不辍，老骥伏枥，少壮努力，马不停蹄。2018年，学校喜迎 60 年建校华诞，抚今追昔，面向未来，制定长期发展规划，描绘壮美蓝图。在学科建设方面，蒙药学、民族学、作物学成为重点建设学科，我们民族学团队扬鞭催马，不负众望，隆重推出"内蒙古民族大学民族学人类学研究丛书"。我校有关领导、有关职能部门和民族学团队成员，在习近平新时代中国特色社会主义思想关于民族工作相关论述指引下，全力投入中国特色民族学人类学学科建设和学术创新发展的大潮。这套丛书的出版发行是本校、本团队的盛事，是本校学科建设和学术发展的重要标志。

"内蒙古民族大学民族学人类学研究丛书"择优编入民族学一级学科所涵盖的民族历史、马克思主义民族理论与政策、民族经济、民族艺术、世界民族与民族问题等相关学科的优秀成果，同时也注意编入民族宗教、民族饮食、民族遗产、民族文学、民族教育等方面的代表性作品，重点涉及我国东北地区各民族游牧社会、蒙古族人口聚集的东部农牧社会以及东北亚跨界地区的各民族。

"内蒙古民族大学民族学人类学研究丛书"是学校民族学学科团队展示最新科研成果的学术窗口。需要说明的是，在国内，尤其在民族地区，学者接触民族学、人类学这类"舶来学"的时间相对滞后，仍然停留在传播和介绍国际民族学人类学的经典理论的阶段。民族学人类学最基本的方法和原则是深入田野，长期局内观察，同吃、同住、同乐、同劳动，发现民间智慧，浓描生存经验，研究本土知识，为社会开辟新视野，为民众打开新窗口，为人类直面各种挑战提供个案经验，为建设万象共生的可持续命运共同体提供学术支持。我们的学术事业任重道远。

诚挚期待与国内外同仁在交流互鉴中彼此提携，共同谱写民族学人类学崭新篇章。

"内蒙古民族大学民族学人类学研究丛书"编委会

2019 年 7 月

目录
CONTENTS

绪　论

贫困问题是人类面临的共同梦魇，消除贫困是各国政府面临的共同难题。

十八大以来，以习近平同志为核心的党中央对近 14 亿中国人民许下了庄严承诺：绝不让一个贫困群众掉队，确保到 2020 年农村贫困人口全部脱贫。

没有农牧区的小康，特别是没有贫困地区农牧区的小康，全面建成小康社会就是一句空话。中国的扶贫工作能否如期达到既定目标，不仅关系着全面建成小康社会、第一个百年奋斗目标的如期实现，也是实现中华民族复兴中国梦的重要一环。对于上述宏伟目标的实现来讲，农牧区贫困人口的脱贫是重中之重。

2018 年 2 月，习近平《在打好精准脱贫攻坚战座谈会上的讲话》中指出："坚持精准方略，提高脱贫实效。脱贫攻坚，精准是要义。必须坚持精准扶贫、精准脱贫，坚持扶持对象精准、项目安排精准、资金使用精准、措施到户精准、因村派人（第一书记）精准、脱贫成效精准等'六个精准'，解决好扶持谁、谁来扶、怎么扶、如何退问题，不搞大水漫灌，不搞手榴弹炸跳蚤，因村因户因人施策，对症下药、精准滴灌、靶向治疗，扶贫扶到点上扶到根上。"

教育贫困是贫困的主要表现形式，教育扶贫是反贫困的重要路径。诺贝尔经济学奖获得者阿马蒂亚·森说，教育的缺失是"能力剥夺的贫困"，是比收入贫困更深层的贫困，它会引发"贫困的代际传递"。[①]"扶贫先扶智"决定了教育扶贫的基础性地位，"治贫先治愚"决定了教育扶贫的先导性功能，"脱贫防返贫"决定了教育扶贫的根本性作用。对于教育扶贫的重要意

[①]　转引自柴葳《教育是最根本的精准扶贫——党中央国务院强力推进教育扶贫工作综述》，《中国教育报》2016 年 3 月 3 日。

义，习近平 2014 年 12 月在江苏视察时指出，教育是民生之基，一个人不吃饭则饥，不读书则愚。[①] 教育贫困不仅是贫困的主要表现形式，也是贫困产生的重要原因，这就决定了消除贫困，教育扶贫应该是最有效的途径。

内蒙古自治区是我国建立最早的民族区域自治地方，这里经济稳步发展、社会安定祥和、民族关系和谐，是中国共产党民族政策成功实践的"模范自治区"。要保证与全国各地、各族人民一起迈进全面小康社会，就一定要保证农牧区扶贫、脱贫工作胜利的势在必得，而要达到这个目标，就必须充分发挥民族教育"扶智""扶志"的功能，增强少数民族和民族地区的自我发展能力和脱贫致富的主观能动性。

内蒙古扶贫工作不仅涉及三农问题的解决、民生水平的提高，也是中国共产党民族政策的成功实践。内蒙古农牧区贫困问题的解决不仅是经济问题、民生问题，也是政治问题。

进入新时代，内蒙古民族教育事业蓬勃发展、成绩显著。具体表现在以下几个方面。

首先，学前教育取得明显成绩。进入新时代，按照国家统一部署，内蒙古各级政府对学前教育财政投入和新建、改扩建幼儿园等方面的投入增量和增幅都是史无前例的。仅 2015 年就下拨学前教育资金 17.58 亿元，其中，投入 6.54 亿元新建公办园 102 所，投入 7.1 亿元改善公办园办学条件，投入 3.47 亿元扶持民办园 110 所。[②] 2011 年和 2014 年，全区相继启动实施两期学前教育三年行动计划，"十二五"期间，贫困旗县自然村幼儿园或学前班普及率由 6.4% 提高到 30%。[③] 到 2017 年底，全区幼儿园在园幼儿人数 64 万人，增长 5.4%。[④]

其次，基础教育取得巨大成绩。第一，毛入学率急剧增加。"十二五"期间，内蒙古贫困旗县学龄儿童入学率比例由 95.8% 提高到 96.6%。[⑤] 义务

---

① 中国教育科学研究院：《努力发展具有中国特色世界水平的现代教育——十八大以来党中央推进教育现代化创新实践》，《中国教育报》2016 年 4 月 21 日。

② 章奎：《我区学前毛入园率高出全国平均水平 12.47%》，《内蒙古日报（汉）》2016 年 3 月 23 日。

③ 王连英：《徐建新委员：170 多万人甩掉贫困帽》，《内蒙古日报（汉）》2016 年 1 月 28 日。

④ 内蒙古自治区统计局：《内蒙古自治区 2017 年国民经济和社会发展统计公报》，http://www.nmg.gov.cn/fabu/xwdt/pic/201803/t20180329_665945.html。

⑤ 王连英：《徐建新委员：170 多万人甩掉贫困帽》，《内蒙古日报（汉）》2016 年 1 月 28 日。

教育学校严格实行"划片、就近、免试"入学，开展均衡编班，阳光分班，确保进城务工随迁子女和农村留守儿童全部入学。到 2017 年底，全区小学适龄儿童入学率 100%，初中阶段毛入学率 98.88%。① 第二，学生营养改善成绩显著。自 2012 年 4 月起全区实施"农村牧区义务教育学生营养改善计划"，覆盖兴安盟和乌兰察布市的 8 个国家试点旗县 241 所农村学校（含教学点）。后将学生营养改善计划实施范围扩大至全区 31 个国贫旗县，到 2017 年底，全区 25.7 万名农村牧区学生受益。② 第三，超额完成全国义务教育发展基本均衡县达标任务。把"全面改薄"（全面改善贫困地区义务教育薄弱学校基本办学条件，即义务教育全面改薄工程，简称全面改薄，是党中央、国务院聚焦贫困地区义务教育发展、保障教育公平而做出的决策）作为义务教育脱贫的重要抓手，让贫困地区的孩子接受公平有质量的义务教育。到 2017 年，内蒙古累计达标旗县（市、区）已达 93 个，以县域为单位完成率达到 91.2%，提前 3 年完成国家下达的目标、任务。③ 其中，国家级贫困县有 27 个，占 31 个国家级贫困县的 87.1%，义务教育顺利通过市、自治区、国家"义务教育基本均衡县"三级评估验收。

最后，职业教育发展速度较快。"十二五"期间，中高等职业学校为自治区经济社会发展输送 74 万名高素质劳动者和技术技能人才。④ 2016 年 2 月，全区有高职院校 36 所，中等职业学校 250 所。贫困家庭子女学得一技之长，为实现就业脱贫打下坚实基础。

近年来，内蒙古民族教育的扶贫功效日渐凸显。"发展教育脱贫一批"，被赋予"阻断贫困代际传递"的时代使命。"扶贫先扶智，扶智先扶志"，准确地概括了教育扶贫在脱贫攻坚战中的基础性地位、先导性功能和根本性作用。教育支持精准扶贫、精准脱贫，就是要采取特殊措施、精准发力，着力扩大农村教育资源，在贫困地区普及学前教育，推动义务教育优质均衡发展，推动普通高中教育特色发展，依托职业教育拔除穷根，努力提高高等教育贡献率，提升贫困地区教师整体水平，加大对革命老区和民族地区教育特

① 内蒙古自治区统计局：《内蒙古自治区 2017 年国民经济和社会发展统计公报》，http://www.nmg.gov.cn/fabu/xwdt/pic/201803/t20180329_665945.html。
② 郝文婷：《内蒙古 10 年 350 亿资助困难学生》，《中国教育报》2018 年 1 月 26 日。
③ 张枨：《义务教育均衡发展评估内蒙古九成旗县已达标》，《人民日报》2017 年 10 月 30 日。
④ 章奎：《高职院校单独招生计划 6 成面向贫困旗县》，《内蒙古日报（汉）》2016 年 3 月 23 日。

殊支持，畅通贫困学子纵向流动渠道，扩大资助帮扶政策覆盖面，保障留守儿童健康成长。① 扶贫必先扶智，只有充分发挥民族教育的扶贫功效，才会让贫困地区的孩子们接受良好教育，阻断贫困代际传递，努力让每一个人都有人生出彩的机会。

一 民族教育扶贫的重大意义

教育扶贫至少包括三个基本内容：一是对贫困地区的教育特别是乡村教育进行扶贫，补齐其发展短板，这是教育扶贫的治本之策，重点是防止贫困代际传递，扶贫的短期效益并不明显；二是对贫困学生进行扶贫，这是贫困家庭脱贫最重要的途径，经济扶贫的近期作用极其显著，但缺少的是全方位全过程的扶贫；三是学校特别是中等职业学校、重点高中、高校等及时而尽力地对贫困地区开展各种扶贫工作，这是教育服务贫困地区的重要方面，但服务体制机制尚未完全建立，积极性不高。

"治贫先治愚，扶贫先扶智"②，在习近平总书记关于扶贫问题的重要论述中，多次谈到了扶贫与"扶志""扶智"的有机结合。这里讲的"扶志"就是要把贫困农民自己主动脱贫的志气"扶"起来，增强他们脱贫增收的主观能动性。"扶智"就是从农村普通教育、职业教育、农技推广等方面或是通过升学、转换职业等方式实现劳动力转移，或是培育有科技素质、有职业技能、有经营意识与能力的新农民。"扶志"与"扶智"都要依靠教育，教育扶贫不仅可以产生经济效益而且更重要的是可以产生精神力量。③

1. 民族教育扶贫是对内蒙古农牧区扶贫路径的拓展

民族地区是贫困问题相对突出的地区，少数民族民众是贫困人口相对集中的群体，基于此，民族教育扶贫、脱贫对民族地区和少数民族的脱贫意义重大，民族教育扶贫的意义已经为众多的实践经验所证明。

由于历史和自然的原因，长期以来，内蒙古农牧区经济社会发展普遍滞后，贫困人口分布密度大，贫困现象表现突出。导致这种情况的原因是多方面的，除了地理位置偏僻、自然条件恶劣以及历史文化因素以外，教育发展滞后也是贫困最主要的致因和表现形式。因为教育长期落后必然会导致人的

① 王嘉毅、封清、云张金：《教育与精准扶贫精准脱贫》，《教育研究》2016年第7期。
② 《习近平谈治国理政》（第2卷），外文出版社，2017，第85页。
③ 张琦：《教育扶贫的特殊地位和作用》，http：//www.jyb.cn/rmtzcg/xwy/wzxw/201812/t20181228_127。

自我发展动力的不足，而发展动力的不足又会反过来限制经济发展和生活水平的提升从而形成恶性循环。教育的缺失是"能力剥夺的贫困"，是比收入贫困更深层的贫困，会引发贫困的代际传递。

随着我国总体进入小康社会进程的加快，内蒙古农牧区的民生水平不断提升，大批贫困人口摆脱贫困。反贫困的重点早已不是解决绝对贫困、保障"吃饭权"的脱贫问题，而是更高层面的兼顾了医疗、教育、生态、社会保障等内容在内的民生诉求问题。

对内蒙古农牧区尚未摆脱贫困人口的致贫原因进行研究，明显可见因子女受教育导致的贫困还占很大比例。截至 2017 年底，全区因学致贫总户数 8540 户，占比 5.01%。其中，呼伦贝尔市 199 户、兴安盟 473 户、通辽市 1171 户、赤峰市 2196 户、锡林郭勒盟 134 户、乌兰察布市 4028 户。① 对脱贫对策的研究反映出贫困人口的受教育程度低而使其脱贫能力受限制。贫困地区的学生并不是不聪明，只是缺少好的教育资源和机会。接受教育的低水平成为贫困人口脱贫的重要阻力。研究表明，文化程度为文盲半文盲的农民，其贫困发生率、贫困深度指数分别是小学文化程度的 1.5 倍和 1.6 倍，是初中文化程度的 3 倍和 3.1 倍，是高中文化程度的 3.9 倍和 3.3 倍。② 2016 年，本课题组走访过科左中旗一个深度贫困嘎查，在被调查的 100 个劳动力中，具有高中学历的有 4 人，初中学历的有 13 人，小学学历的有 77 人，未上过学的有 6 人。劳动力中具有初中及以上文化程度者不足 20%，具有一技之长的人更少。究其原因，教育成本高、经济压力大是很重要的影响因素。目前，子女受教育费用支出已经占到内蒙古地区农牧民家庭总收入的 30% 以上，教育负担过重成为困扰低收入家庭的普遍问题。

对于贫困问题的研究，研究者通常将研究重点锁定在经济领域，但对贫困形成及脱贫应对的非经济因素却关注不多。尤其是针对内蒙古地区蒙古族聚居的农村、牧区的扶贫工作更是少有专门详细的非经济角度的研究。所以，本课题对内蒙古农牧区的扶贫、脱贫工作从教育扶贫的视角进行研究是对扶贫路径的拓展。对农牧民的扶贫、脱贫工作来讲，民族教育扶贫有着很大的舞台，民族教育扶贫效果还有很大的提升空间。特别是见效迅速的应用型教育对农牧民生产生活水平会产生迅速且显著提升，这是一种授人以渔的

---

① 本书所用数据除特殊说明外均由内蒙古自治区扶贫办提供。

② 陈南岳、周晓东：《摆脱贫困恶性循环的探讨》，《经济问题探索》2000 年第 3 期。

脱贫方式，在诸多扶贫方式中最为有效且具有根本意义。

2. 民族教育扶贫政策是对中国共产党民族政策的丰富发展

"在复杂的事物的发展过程中，有许多的矛盾存在，其中必有一种是主要的矛盾，由于它的存在和发展规定或影响着其他矛盾的存在和发展。""捉住了这个主要矛盾，一切问题就迎刃而解了"。① 中国的民族问题解决得比较成功，这一点是举世公认的客观事实。探究中国解决民族问题的成功经验，最根本的原因在于中国共产党民族政策的优越。"当今世界，要说哪个政党、哪个国家、哪个民族能够自信的话，那中国共产党、中华人民共和国、中华民族是最有理由自信的。"② 内蒙古自治区成立70多年来包括民族教育在内的各项事业的发展，是中国共产党民族政策优越性的最好体现。现阶段我国的民族问题，比较集中地表现为少数民族和民族地区的发展问题。民族地区存在的一切困难和问题，归根到底要靠发展来解决。对内蒙古自治区来讲，发展问题始终是民族工作的重中之重，民族教育是发展的动力和基础。

内蒙古农牧区扶贫的发力点在于民族教育事业。加大力气补齐其发展短板，这是教育扶贫的治本之策。这不仅是贫困学生顺利完成学业、贫困家庭脱贫的最重要的也是最有效的途径，也由此阻断了贫困现象代际传递的路径。目前，内蒙古各地对贫困学生的帮扶已成规模，政策体系也基本形成，但仍需继续完善；学校服务贫困地区的服务体制机制尚未完全建立，各级各类学校的参与积极性不高。鉴于此，有必要在摸清内蒙古民族教育扶贫现状的基础上，发现问题，提出解决之策，以校正教育公平缺失为切入点，探究民族教育优惠政策、民族发展能力、民族关系和谐的关联性。从这一点上讲，民族教育扶贫之策也即民族发展之策，民族教育政策体系的形成、发展、完善是中国共产党民族政策在新形势下的丰富和发展，对民族教育发展、民族地区发展和少数民族的发展都是极大的推动力量。

3. 民族教育扶贫对农牧区扶贫工作具有先导性功能、基础性地位及根本性作用

"脱贫防返贫"决定了民族教育扶贫的根本性作用。在我们走访中发现

---

① 《毛泽东选集》（第1卷），人民出版社，1991，第320页。

② 习近平：《在庆祝中国共产党成立95周年大会上的讲话》，http://cpc.people.com.cn/n1/2016/0701/c405440-28515954.ht。

一些贫困户在摆脱贫困以后很容易再次陷于贫困的图圈。也就是说脱贫的成果在有些人身上很难巩固。究其原因就在于这些人的脱贫方法不是从根本上解决问题的。授人以鱼不如授人以渔，对贫困人口或者贫困家庭来讲，通过接受教育，掌握长久持续脱贫的技能才是关键，所以说，民族教育对内蒙古农牧区的扶贫工作及贫困人口的脱贫意义重大。教育扶贫从近处看是铲除既有贫困的重要手段，从长远看阻断的是贫困的代际传递，是使受教育者自我发展能力增强的重要途径。

对于扶贫攻坚阶段的工作重点，习近平总书记提出：要实施"五个一批"工程，即"发展生产脱贫一批，易地搬迁脱贫一批，生态补偿脱贫一批，发展教育脱贫一批，社会保障兜底一批"。① 发展教育脱贫即教育扶贫，是精准扶贫的五个重要路径之一。内蒙古地区扶贫工作的迫切需要，为民族教育扶贫提供了广阔的舞台，为理论研究提供了紧迫的实践需求。脱贫，教育要先行。民族教育扶贫既是个理论问题，更是个实践问题。理论用来指导实践，实践能够丰富发展理论。内蒙古地区的发展，全面小康社会的建成取决于民族教育扶贫的成就。

4. 民族教育扶贫是各民族交往交流交融的助推器

习近平总书记在党的十九大报告中指出：加强各民族交往交流交融，促进各民族像石榴籽一样紧紧抱在一起，共同团结奋斗、共同繁荣发展。这一论述既是巩固新时代民族团结大局、深化社会主义民族关系的"实践论"，又是运用科学世界观推动各民族交往交流交融的"方法论"。

交往交流是交融的前提和基础，交融是交往交流的结果。随着国家现代化进程和内蒙古地区发展的加速，人口流动、文化接触以及资源开发利用等因素对民族关系产生的不良影响已经初见端倪，这些因素在一定条件下，会与贫困问题引发的生计、教育、返贫、借贷等问题交织在一起，引起部分少数民族群众心理、情绪的波动并影响民族关系的健康和谐发展。这种形势对民族之间良性的交往交流交融提出了更高的要求，形成了更大的困难。如何促进民族关系的和谐发展，推进民族之间的交往交流的深入，民族教育在扶贫、脱贫领域的实践大有可为，也必须大有可为，因为它所解决的不仅是民生问题也是民族问题，不仅是经济问题也是政治问题，不仅是个体问题也是社会问题。在"扶贫攻坚"宏观背景下，内蒙古农牧区的贫困问题既具有

---

① 《习近平谈治国理政》（第 2 卷），外文出版社，2017，第 85 页。

当代贫困问题的共性，同时由于历史、文化、民族等因素的综合作用而又具有一定的特殊性，呈现出贫困人口分布的"民族性"、贫困成因的"文化性"、东西部地区贫困要素的"差异性"等特点①。对少数民族群众来讲，受教育程度和水平是决定其交往交流能力和在交往交流中所处的位置。发展民族教育，提升少数民族贫困人口的内生动力和自我发展能力，对加强各民族交往交流交融，促进各民族像石榴籽一样紧紧抱在一起，共同团结奋斗、共同繁荣发展具有十分重要的促进作用。

5. 民族教育扶贫有利于增强多民族国家的凝聚力和中华民族共同体的向心力

由于历史的和自然的原因，我国的少数民族、少数民族地区在发展水平和发展能力上长期处于弱势，这就决定了少数民族群体及少数民族地区的贫困问题一直就比汉族、汉族地区突出。

进入 21 世纪以来，我国的贫困人口越来越集中于少数民族地区，少数民族地区的贫困人口越来越集中于少数民族。② 同样，这一特点在内蒙古也有所表现。贫困人口在分布上越来越向少数民族聚居的农村牧区集中，越来越向以蒙古族为主的少数民族农牧民群众集中。③ 蒙古族聚居区是一个人文区域概念，事实上，没有明确的地理意义。之所以如此界定，是想强调贫困地区、贫困人口的"民族性"特点。虽然内蒙古本身就是我国蒙古族最大的聚居区，但在内蒙古范围之内，还有蒙古族更加相对集中分布的地区，其中，通辽市最具代表性。依据 2000 年人口普查统计数据，内蒙古各盟市包括蒙古族在内的少数民族的占比排序，通辽市最高，达到 49.28%；兴安盟第二，为 45.8%。其他顺次为锡林郭勒盟（33.67%）、阿拉善盟（25.45%）、赤峰市（22.7%）、呼伦贝尔市（17.69%）。东部区明显呈现出少数民族分布占比大的特点，西部的乌兰察布市少数民族占比只有 3.73%。到 2017 年底 2018 年初，在全区 377793 贫困人口中，少数民族贫困人口有 86964 人（占比 23.02%）。各盟市少数民族贫困人口在总贫困人口中的占比由高到低排序分别为：通辽市（56.02%）、兴安盟（43.17%）、锡林郭勒盟市

---

① 张艾力：《"扶贫攻坚"背景下内蒙古地区贫困问题研究》，《湖北民族学院学报》（哲学社会科学版）2013 年第 5 期。

② 徐贵恒：《西部少数民族地区贫困问题新解》，《中国民族》2010 年第 11 期。

③ 张艾力：《"扶贫攻坚"背景下内蒙古地区贫困问题研究》，《湖北民族学院学报》（哲学社会科学版）2013 年第 5 期。

（34.98%）、赤峰市（18.27%）、呼伦贝尔市（12.39%），西部的乌兰察布市为2.3%。这表明随着内蒙古扶贫工作的深入推进，少数民族聚居区的贫困程度得到一定缓解，少数民族贫困人口占比已经基本和总人口占比持平或者略低。

少数民族贫困人口的大量脱贫，很大程度上取决于民族教育扶贫的实践。民族教育的社会主义性质决定了民族教育政策的价值取向，脱贫攻坚和民族团结进步创建这两项工作，都是在党的领导下，以政府主导、多方协作、群众参与为主线，以促进民族地区和各民族共同繁荣发展为目标的。可以说，二者是一个有机的统一体。脱贫攻坚是民族团结进步创建的主要任务，民族团结进步创建是脱贫攻坚的基础和保障，民族教育扶贫不仅带来的是少数民族和少数民族地区发展能力的提升，不仅解决的是民族的发展问题、民族成员个体的民生问题，从政治高度上讲，更是社会主义优越性的体现，是对多民族国家凝聚力和中华民族共同体向心力的强化。

二 民族教育与贫困的关系

"贫困与教育有着紧密而复杂的联系"，[①] 这种联系主要表现为贫困群体受教育水平的低下导致的自我发展能力的弱势及接受教育产生的经济负担对家庭生活形成的经济压力。教育公平缺失导致贫困，科学教育水平低下限制农牧民运用科学、摆脱贫困的能力。在人力资本变量中，农民家庭劳动力的文化程度对其贫困风险产生了显著影响，家中劳动力的文化程度每增加一个单位，贫困风险就会降低29.7%。[②] 在低收入阶段到中等收入阶段过程中，基础教育发挥重要作用，而从中等收入到高收入阶段，教育质量比教育数量、高等教育比基础教育、高级技能水平比基础技能水平具有更重要的作用。[③] 教育贫困是贫困的主要致因和表现形式。贫困与教育之间的关系决定了民族教育是消除民族地区贫困问题的重要途径。

1. 经济视角下的民族教育与贫困

从经济视角分析，自然资源匮乏和人力资本缺陷都是制约地区经济发展

---

① 李澍：《教育部直属高校全部参与扶贫》，《中国教育报》2016年1月23日。

② 陈永清、阳镇：《民族乡村农民收入困境的影响因素基于广西河池民族乡村的调查》，《沈阳大学学报》（社会科学版）2015年第11期。

③ 李立国、黄海军：《跨越中等收入陷阱 高等教育作用更重大》，《光明日报》2015年12月8日。

甚至导致贫困的主要原因。但两者间起决定作用的根本性因素在于人，而非自然资源。少数民族地区经济社会发展长期滞后是一种客观存在，究其原因自然资源的缺乏并不是根本性问题，相反，很多少数民族地区是自然资源的密集分布区，人力资本缺乏是导致这种长期滞后的最为重要的原因。

经济贫困与教育贫困是互为因果的伴生物。较低的经济发展水平必然对教育发展形成制约，使教育公平缺失现象成为一种客观存在，并成为教育贫困（家庭为支付子女受教育费用不堪重负而形成的贫困状态）的主要原因。一来经济发展的低水平必然对教育投入形成制约，导致教育发展的低水平。二来劳动力文化素质与其经济收入水平有直接关系，在一般情况下，两者呈正相关关系，也就是说，贫困与较低的受教育程度密切相关。更为严重的是，教育贫困具有代际传递的特点，许多贫困家庭培育出的低文化程度子女在长大成人后，又会重蹈父辈贫困的覆辙，并由此陷入教育贫困的代际传递以及越贫困受教育越少、受教育越少越难摆脱贫困的恶性循环之中。① 由此决定，加快民族地区教育事业的发展，加大其对人力资本的生成、经济结构的调整和社会可持续发展的推动具有十分重要的扶贫意义。

2. 文化视角下的民族教育与贫困

贫困从表面看是经济的、物质的，但从深层次分析，贫困更是精神的。较低的文化程度会弱化人的适应社会变迁的能力，反映在获得经济信息、把握自我发展机会等方面的低能；另外较低的受教育程度带来的闭塞，直接体现为思想麻木、心理惰性严重、风险意识缺乏、独立进取精神较弱。贫困人口因为贫穷而形成的独特的居住方式、生活方式，使得他们与其他人在社会生活中相对疏离与隔膜，并衍生出一种脱离社会主流文化的所谓贫困文化，主要体现为贫困人群的心理定式、行为方式、风俗习惯、生活态度和价值观念等非物质形式。② 笔者曾经与兴安盟科右中旗白音胡硕来通辽务工的一个女青年交谈，她讲，自己初中毕业没有继续读书，就是因为"不想念了"，说自己成绩不是很好，即便读了高中也上不了大学，没准多花了很多时间很多钱，结果和现在出来打工也不会有太大的差别，可见，辍学者本身的厌学情绪也是很重要的原因。

---

① 张艾力：《多维文化视角下蒙古族聚居区贫困问题探析——以内蒙古自治区通辽市为例》，《内蒙古社会科学》（汉文版）2012年第1期。

② 吴理财：《论贫困文化》，《社会》2001年第8期。

由于贫困文化具有"自己的结构和机理",因而难以通过一时的物质贫困的消除而根除。所以应通过教育改变贫困人群的"安贫"思想,进而重建贫困人口的价值观念和生活方式。我们在做扶贫项目实施情况调查时设计过这样的几个问题,对"你们是怎样参加扶贫项目的",80%以上的农牧户选择了"上面安排下来的,我们照着要求做就行了",对于"你们对扶贫项目有意见吗"这个问题,10%的农牧民选择了"我们听领导的",5%的农牧户选择了"项目开始时会向村领导反映自己的意见",5%的农牧户选择了"其他"。这说明贫困人口对政府的高度依赖,在扶贫过程中,政府怎么说,贫困户就怎么做,缺少主动参与的精神。而且,对扶贫开发还存在着一些错误认识。例如,将政府视为"救世主",认为扶贫开发工作是政府的事情,对贫困人口进行救济是政府天经地义的事。在入户调查时,很多人压低自己家的收入,似乎穷是件很光荣的事,哭穷是当地老百姓获得政府补助的一种生活方式。当问到"领国家救济时你有什么想法"时,受调查的农牧户都选择"非常感谢政府的关心",很少有人选择"接受政府救济被人看不起"或者"接受政府救济心里很不安"等选项。这说明,贫困文化在农牧民生产生活中根深蒂固,并影响着他们的生活方式,成为制约农牧民摆脱贫困的心理障碍。

3. 社会视角下的民族教育与贫困

以教育差距为代表的公共服务不均等导致了贫富差距扩大,并催生了新的贫困群体,亦即导致了贫困的再生产。内蒙古农牧区教育公平缺失现象表现还很突出,制约着教育扶贫的实践。贫困的世代传递,反映了社会代际垂直流动率及流动机制的问题,尤其是在城乡二元结构体制下,农村贫困将更多受到代际传递影响。所以,在内蒙古的农牧区,贫困家庭的子女往往会陷入贫困的代际传递的图圈。教育作为一种促进社会流动的机制,在优化社会结构,促进权利均衡,进而推动经济社会发展和消除贫困方面具有积极作用。因此,通过以教治贫,可以有效阻隔贫困的代际传递。[①]

4. 科学教育与扶贫、脱贫

贫困人口发展能力低下,扶贫难度大、脱贫能力弱与受教育程度的低水平特别是科学素养水平低下有着极为密切的关系。截至 2018 年初,在内蒙

---

① 单丽卿:《教育差距与权利贫困——基于连片特困地区扶贫开发实践困境的讨论》,《中共福建省委党校学报》2015 年第 3 期。

古全区贫困人口 301113 人（不含在校生和学龄前儿童）中，文盲半文盲 32478 人（占比 10.79%），接受教育水平分别为：小学教育 167762 人（占比 55.72%）、初中 87801 人（占比 29.16%）、高中 8662 人（占比 2.88%）、大专及以上 4410 人（占比 1.47%）。贫困人口中高中以上比例低印证了美国斯坦福大学教授罗斯高的"中国农村贫困的根本问题就出在中国农村受过高中以上教育占比太低"这一观点。

针对目前存在的刚性保障力度不够、对农牧民脱贫增收"突破口"扶持力度尚需加大、减轻受教育者经济压力有限、实施成效缺乏跟踪评估机制等问题，对症下药，从增强民族教育优惠政策的刚性保障力度，重点扶持民族教育的反贫困"突破口"，加大民族教育扶持力度、畅通学校科学教育途径，建立民族教育优惠政策跟踪评价机制等方面入手，进一步完善民族教育优惠体系。

三 民族教育扶贫的路径

民族教育扶贫的基本内容主要包括两个方面：一是对民族地区教育事业的帮扶，即扶教育的贫，二是通过对来自贫困家庭的受教育者进行帮扶，使其顺利完成学业，即以教育扶贫。

1. 加快民族教育发展，校正教育公平缺失，扶教育的贫

内蒙古农牧区经济社会发展普遍滞后，即便与内蒙古自治区区内发达地区相比也存在着很大差距。较低的经济发展水平必然对教育发展形成制约，使教育公平缺失现象成为一种客观存在，并成为教育贫困的主要原因。

经济发展的低水平必然会对教育投入形成制约，导致教育发展的低水平。我国的基础教育投资机制"实行在国务院领导下，由地方政府负责、分级管理，以县为主的管理体制"[1]，县级财政是教育投入最大的主体。而内蒙古贫困旗的财政基本上是"吃饭"财政，除了保证教师工资以外，可以用于其他教育公用经费的额度十分有限，教育投入的不足直接削弱了教育在反贫困攻略中的作用。

"集中办学"和"寄宿"形式增加了受教育成本，很多家庭因为经济压力过大而选择中断子女学业。为矫正教育资源稀缺和分布不均衡而实施的

---

[1] 《国务院关于基础教育改革与发展的决定》（国发〔2001〕2 号），http://www.gov.cn/ztzl/nmg/content_412402.htm。

"集中办学"和"寄宿"制是一把双刃剑，其消极影响就是加大了受教育者的受教育成本、增加了受教育者家庭的经济负担。对学生家庭来讲，得到的补助与寄宿、集中办学所产生的费用相比存在很大的缺口，缓解农牧民家庭教育压力有限。特别是对异地求学的学生来讲，享受到这一政策的难度更大。经济压力过大导致很多学生无法完成学业而辍学，受教育程度只能维持在较低水平。

扶教育的贫，最主要的是对民族地区落后的教育事业的帮助扶持。

第一，办好各级各类民族教育，帮助贫困人口获得充分的受教育机会。民族教育有着自身的特殊性，是少数民族自我发展走向现代化并更好地保持本民族文化传统的重要工具。为使民族教育更好地为扶贫工作服务，下大力气办好各级各类民族教育是关键。目前，在已经不属于义务教育的高中阶段辍学现象比较严重，适合蒙古族聚居区产业结构和社会经济特点的职业教育体制还不健全，成为贫困人口受教育水平低及生产、发展技能的缺乏的关键。要改变这种状况，一要加大投入发展高中教育，实行蒙古语授课学生高中教育免费政策，设立蒙古语授课女生奖励基金，奖励或免除其学杂费、住宿费。二要依托内蒙古区内高校和中等专业技术学校，培养适合当地的免费职业技术教育，培养实用技术人才，提升贫困人口摆脱贫困、自我发展能力。民族高等教育的关键在于专业的设置要考虑农村、牧区的实际，要想方设法扩展蒙古语授课高校毕业生就业出口，保障教育结果公平的实现。为此，政府劳动就业机构应更加关注对他们的就业知识技能培训，成立专门机构，为他们提供职业中介服务。

第二，以政府为主、多种途径加大对民族教育的投入。随着国家和自治区经济社会的快速发展、财政收入水平的提高，民族教育投入也在不断增加。但是，教育资金不足的现象并没有得到根本上的改变。将义务教育的财政主要负担适当由旗县级提到自治区，加大自治区财政举办基础教育的职责。对贫困地区的学生加大帮扶、补助力度。在地区经济实力有限的情况下，政府必须要担当起举全社会之力办教育的重担，要多种途径筹措办学资金、多种形式推进教育事业的发展。

第三，加强民族教育师资队伍的建设，切实提高民族教育质量。高水平的师资队伍是民族教育快速发展的前提和关键，目前，师资水平是贫困农牧区教育发展的重要制约。比如，蒙汉双语教育所面临的最大的问题是实效性较差，这种缺陷对受教育者个人发展和生产、生活能力的提升所产生的制约作用是很明显的。为此，首先要改变基础教育阶段蒙汉双语教育在教学内容、教学方法等方面不能因材施教的问题，提高学生学习汉语、汉文的兴趣和信心。其次，在有蒙古语授课学生的高等学校，要建立适合蒙古语授课学生的双语教学模式，探索因材施教的双语教学路径，解决蒙古语授课学生毕业出口不畅、融入主流文化社会能力不强，参与竞争没有优势的问题。另外，在双语科学教育已经成为科学教育主渠道的形式下，要探索一条适合蒙古族授众的科学教学形式和教育方法，力争采取民族的、大众的教学形式，因材施教地促进科学知识与观念的建构。

第四，加大民族教育法律的立法、执法力度，增强消除教育公平缺失的刚性保障。在平等已经成为普遍价值观念、受教育权成为最基本人权的今天，教育公平的缺失是每个国家、每个政府必须认真对待、加以克服的社会诟病。要消除目前普遍存在的教育公平缺失现象，就必须要加大民族教育立法和执法的力度。不仅要做到有法可依，更要做到贯彻、执行过程中不走样，真正发挥民族教育法律制度的强制性。应该将国家对民族教育的投入、发达地区对民族地区教育发展的支援等问题用法律的形式确定下来；应该用法律将民族义务教育完全纳入国家公共财政的保障范围；还要不断完善少数民族教育法律实施监督机制以杜绝经费无法兑现以及被随意挪用的现象。只有这样，受教育者的受教育权才能得到更为刚性的保障，矫正教育公平缺失现象的速度才会大大加快。

2. 增强贫困人口的自我发展能力，阻断贫困的代际传递，以教育扶贫

能力的贫困比收入的贫困层次更深，且极易引发贫困的代际传递。受教育的年限较低往往阻碍人的能力提升，带来贫困的高发，而高贫困发生率背后的低收入水平，又会直接制约受教育年限的增长和自我发展能力的提升，恶性的贫困复制由此产生。

导致贫困的原因和阻挠脱贫的因素是多方面的。通常意义上，人们更多地从经济的角度考察贫困的原因并探究脱贫增收的途径，而来自"非经济"领域包括教育发展缺陷的阻力却经常被忽视。劳动力文化素质对其经济收入水平影响很大，一般情况下两者呈正相关关系，也就是说，贫困与较低的受教育程度有着密切相关。本课题组对科左中旗某苏木的贫困人口做过调查，劳动力中具有初中及以上文化程度者不足10%，具有一技之长的人更少。笔者也曾经在通辽市区内走访，发现在街头蹲人力车谋生的车夫大多是来自贫困地区的蒙古族农牧民。进城务工的农牧民青年大多只能集中于建筑、餐

饮服务等对文化素质要求较低的行业，一些人即使进入现代化企业也只能从事简单的体力劳动，收入低、发展空间小。对他们而言，受文化水平所限，不论是在家乡还是外出务工，都很难改变其贫困状态。一方面是因为较低的文化素质弱化了他们适应社会变迁的能力，反映在获得经济信息、把握自我发展机会等方面的低能。另一方面则是因为较低的受教育程度带来的封闭与闭塞，直接体现为思想麻木、心理惰性严重、风险意识缺乏、独立进取精神较弱。更严重的是，教育贫困具有代际传递的特点，许多贫困家庭培育出的低文化素质的子女在长大成人后，又会重蹈父辈的贫困覆辙，并由此陷入了教育贫困的代际传递以及越贫困受教育越少、受教育越少越难摆脱贫困的恶性循环之中。

以教育扶贫，主要是提高贫困人口的科学文化素养，提高贫困人口的整体生存、生产、生活能力，从而消除贫困的代际传递。民族教育对扶贫、脱贫的影响最主要地表现在它可以提高受教育者的科学文化素养，增强其自我发展能力，从根源上摆脱贫困。对于内蒙古农牧区来讲，贫困问题的形成与教育水平、科学素养、思想观念、消费方式和结构、生态环境等多重非经济因素都存在着不同程度的关系，其中的消极因素不同程度地制约着内蒙古农牧区经济社会发展水平和农牧民减贫增收的能力。只有民众受教育水平提高了，自我发展能力才能得到提升，摆脱贫困，实现全面小康、乡镇振兴才可能逐步实现。

以教育扶贫，主要是阻断贫困代际传递途径。众多的实践经验表明，受教育的低程度会成为贫困的主要根源和脱贫的重要阻力。联合国教科文组织研究表明，不同层次的受教育者提高劳动生产率的水平不同：本科300%、初高中108%、小学43%，人均受教育年限与人均 GDP 的相关系数为0.562。[1] 民族教育扶贫是当前我国扶贫攻坚的重点任务，也是精准扶贫的重大举措。正如习近平总书记所讲，要把下一代的教育工作做好，特别是要注重山区贫困地区下一代的成长，这才是根本的扶贫之策。下一代要过上好生活，首先要有文化，这样将来他们的发展就完全不同。义务教育一定要搞好，让孩子们受到好的教育，不要让孩子们输在起跑线上。[2]

---

[1] 刘传铁：《教育是最根本的精准扶贫》，《人民日报》2016 年 1 月 27 日第 5 版。

[2] 《在河北省阜平县考察扶贫开发工作时的讲话》，《做焦裕禄式的县委书记》，中央文献出版社，2015，第 24 页。

教育扶贫的主体是由政府、教育行政管理部门、学校、社会培训机构等构成的大系统，也包括教育扶贫投入的其他自然人和法人、非法人机构。教育扶贫的客体，一是贫困地区的各级各类学校，也可以说是民族地区教育，二是来自贫困家庭的受教育者，也即各级各类学校的学生。教育是削减贫困复制，尤其是阻断人口较少民族贫困代际传递的重要手段，也是实现其长效脱贫的最好机制。

综上所述，民族教育扶贫，一要加大对民族教育的投入，校正民族地区教育公平缺失现象，逐步实现教育的均衡发展，阻断贫困代际传递的路径。特别关注教育起点——学前教育、教育终点——高等教育阶段的扶贫。二要加大对贫困人口的教育投入，重点在职业培训、技能培训和科学素养培训，增强其自我发展能力，帮助贫困人口转移就业。三要建立健全民族教育反贫困教育扶贫政策体系，保证贫困人口获取平等的受教育权、发展权。实现贫困治理能力的现代化。

四 民族教育扶贫研究相关成果

学者傅佑全在《教育扶贫是实施精准扶贫国家战略的根本保障》一文中提出，把教育扶贫与开发纳入国家精准扶贫战略中并作为首要选项实施，这样既有模式创新更有理论创新，才能达到扶贫的标本兼治。[①]

张翔通过对集中连片特困地区教育精准扶贫的理论研究，认为教育精准扶贫是一个集理论、战略、政策和行为为一体的完整系统，该系统包括教育扶贫主体博弈机制、教育扶贫对象精准识别机制、教育扶贫项目、精准运行机制、教育扶贫精准考核与监督机制等。[②]

肖庆华、毛静通过对贵州省集中连片特困地区的实证研究，认为建立教育扶贫的沟通协商制度，完善贫困学生的资助机制，完善贫困学生助学体系可有效实现贫困学生脱贫减贫。[③]

刘冠男在其硕士毕业论文中通过对吉林省贫困地区教育扶贫研究，认为通过教育扶贫可以实现贫困人口的发展，发展教育是当前改变贫困地区状况

---

① 傅佑全：《教育扶贫是实施精准扶贫国家战略的根本保障》，《内江师范学院学报》2016 年第 5 期。
② 张翔：《集中连片特困地区教育精准扶贫机制探究》，《教育导刊》2016 年第 6 期。
③ 肖庆华、毛静：《贵州省集中连片特困地区教育扶贫的现状、问题及路径》，《经济与社会发展》2014 年第 3 期。

的根本，想要提高贫困地区的生产率，就一定要从改变教育模式做起。摆脱贫困是一个内外力合力作用的结果。一是要靠贫困主体的自身努力，这是决定性因素，但是也需要外部力量的推动作用。贫困主体因为自我发展能力的低下经常体现面对贫困无可奈何、束手无策的状态，缺乏改善贫困现状的途径或者方法。或者从根本上讲贫困是缺乏手段、能力和机会。因此，要克服贫困，就要给贫困者以扶持。换言之，社会不应该仅仅被动地保障贫困者的最低生活水准，而应该更多地把注意力投向铲除使人们陷入贫困的根源，主动地保障贫困者拥有必要的手段、能力和机会。①

曾天山在《教育扶贫的理论认识和实践探索》一文中指出，我国扶贫工作走过了福利救济、经济开发、综合精准的发展轨迹，针对现存贫困人口中初中及以下文化程度者占92.9%的状况，教育扶贫需要更加精准施策，着重提高质量效益，突出能力建设，既扶教育之贫，又通过教育扶贫充分发挥阻断贫困代际传递和提升脱贫致富技能的作用。②

陈立鹏、马挺、羌洲在《我国民族地区教育扶贫的主要模式、存在问题与对策建议——以内蒙古、广西为例》一文中指出，我国少数民族特困地区是国家扶贫攻坚工作中的重点，这些地区大多经济社会落后，自然环境恶劣，一般扶贫办法很难实现脱贫减贫。从近几年民族地区扶贫涉及的内容和表现形式看，教育扶贫是诸多扶贫方式中比较有效且具有根本性意义的手段。未来民族贫困地区的教育扶贫工作要建立和完善各级政府经费分担机制，加强民族特困地区教师队伍建设，深化教育管理体制改革等，以此实现教育扶贫工作的良性发展，帮助民族贫困地区人口脱贫减贫。③

上述国内学者目前对教育扶贫的研究多从教育扶贫的理论和实际工作出发，进行了积极有意义的探索，但没有从民族教育的特殊性出发，未能对不同民族贫困地区的贫困现象展开系统研究，尤其缺乏对民族贫困地区教育扶贫模式的研究。

本书作者在对内蒙古农牧区贫困问题的研究过程中形成了一系列研究成果，对教育扶贫研究体现在《多维文化视角下蒙古族聚居区贫困问题探析——以内蒙古自治区通辽市为例》[《内蒙古社会科学（汉文版）》2012

---

①　刘冠男：《吉林省贫困地区教育扶贫问题研究》，吉林大学硕士毕业论文，2016。
②　曾天山：《教育扶贫的理论认识和实践探索》，《中国教育科学》2017年第3期。
③　陈立鹏、马挺、羌洲：《我国民族地区教育扶贫的主要模式、存在问题与对策建议——以内蒙古、广西为例》，《民族教育研究》2017年第6期。

年第 1 期]、《多维文化视角下蒙古族聚居区反贫困问题的政策选择——以通辽市为例》(《民族论坛》2011 年第 7 期)、《提高农牧民科学素养对"扶贫增收"的重要性》(《中国蒙古学》2014 年第 5 期)、《论民族地区扶贫方略中的民族教育优惠政策》(《满族研究》2012 年第 3 期)、《民族发展扶持政策与社会主义和谐民族关系建构——以民族教育发展扶持政策为例》(《满族研究》2013 年第 2 期)、《民族教育优惠政策与民族地区的"扶贫增收"》(《湖北民族学院学报》2012 年第 4 期)等文章中。提出教育贫困是农牧民贫困形成的重要原因。一是因为贫困人口受教育水平低,自我发展能力弱而导致的发展无力、脱贫乏力;二是因为子女接受教育产生经济负担过重导致家里供养能力不支陷入贫困。对民族教育扶贫的路径也主要围绕此两点展开,核心思想集中在一是构建民族教育扶贫政策体系;二是推进民族教育扶贫政策的深入实践;三是对各级政府教育扶贫能力的现代化。

第一章

民族教育政策的价值取向

　　民族教育是中国社会主义教育的重要组成部分，发展民族教育事业是中国共产党民族工作的重要内容。民族教育的社会主义性质，决定了民族教育的政治方向、发展路线、办学宗旨和政策保障。中华人民共和国成立 70 年来，民族教育坚持党的领导、坚持全面科学协调发展道路、坚持为少数民族和民族地区发展服务、坚持完善民族教育政策，民族教育取得了举世瞩目的发展成就。

　　党的十八大以来，习近平总书记对教育工作做出了一系列重要部署，发表了一系列重要论述，深刻阐释了"培养什么样的人、如何培养人、为谁培养人""办什么样的教育、怎样办教育、为谁办教育"等重大理论和实践问题，围绕民族工作和高等教育工作提出了一系列新思想、新观点和新论断，丰富和发展了中国特色社会主义教育理论，为社会主义民族教育事业的发展提供了总的遵循。

　　民族教育的性质决定民族教育政策的价值取向，而民族教育政策的价值取向则决定了民族教育的扶贫功效。

一　定性与定位

　　习近平总书记在十九大报告中对新时代中国特色社会主义教育提出的"优先发展教育事业。要全面贯彻党的教育方针，落实立德树人根本任务，发展素质教育，推进教育公平，培养德智体美全面发展的社会主义建设者和接班人"指导方针。中国的民族教育是社会主义教育的重要组成部分，民族教育的发展是民族发展的重要内容。民族教育的定性与定位决定了民族教育的扶贫功效。回顾中国民族地区扶贫工作的历程，民族教育事业起到了极大的促进作用。

1. 坚持中国共产党的领导，指明民族教育发展的政治方向

在 2014 年召开的中央民族工作会议暨国务院第六次全国民族团结进步表彰大会上，习近平总书记高度强调了党的领导对于民族工作的极端重要性。"做好民族工作关键在党、关键在人。只要我们牢牢坚持中国共产党的领导，就没有任何人任何政治势力可以挑拨我们的民族关系，我们的民族团结统一在政治上就是有充分保障的。"①

民族教育事业是我国民族工作的重要组成，这就从根本上决定必须牢牢坚持党对民族教育工作的领导，党的政治领导、思想领导、组织领导贯穿民族教育工作的全过程和各个方面。

确定民族教育的指导思想。教育发展的指导思想决定着教育的方向、目标、途径等。中国共产党对民族教育的领导，体现在毛泽东思想、邓小平理论、"三个代表"重要思想和科学发展观以及习近平系列讲话精神关于民族教育论述为指导思想，体现在"全面贯彻党的教育方针，坚持教育为社会主义现代化建设服务、为人民服务，把立德树人作为教育的根本任务，培养德智体美全面发展的社会主义建设者和接班人"。② 2014 年中央民族工作会议提出要"抓好爱国主义教育这一课，把爱我中华的种子埋在每个孩子的心灵深处，让社会主义核心价值观在祖国下一代的心田生根发芽"③，这些论述是我国民族教育事业指导思想的体现，决定着民族教育发展必须坚持正确的发展方向。

把握民族教育的发展方向。1992 年，国家教委、国家民委两部门联合发布了《关于加强民族教育工作若干问题的意见》，指出民族教育必须坚持社会主义办学方向。民族教育作为我国社会主义教育的重要组成部分，必须坚持党的领导，为社会主义现代化建设服务，培养德、智、体、美全面发展的建设者和接班人。《中华人民共和国教育法》的第 3 条、第 5 条对我国教

① 《中央民族工作会议暨国务院第六次全国民族团结进步表彰大会在京举行》，《人民日报》2014 年 9 月 30 日。
② 胡锦涛：《坚定不移沿着中国特色社会主义道路前进，为全面建成小康社会而奋斗——在中国共产党第十八次全国代表大会上的报告》，《人民日报》2012 年 11 月 18 日。
③ 《中央民族工作会议暨国务院第六次全国民族团结进步表彰大会在北京举行》，《人民日报》2014 年 9 月 30 日。

育事业包括民族教育事业的发展方向做出了具体明确的规定。[1] 新的形势对民族教育提出了新的要求，对马克思主义"五观"（国家观、民族观、历史观、文化观、宗教观）、"五个认同"（对祖国的认同、对中华民族的认同、对中华文化的认同、对中国共产党的认同、对社会主义道路的认同）、"三个离不开"（汉族离不开少数民族，少数民族离不开汉族，各少数民族之间也互相离不开）的教育，都是对社会主义国家民族教育发展方向的把握。从根本上解决了"培养什么样的人、怎样培养人""办什么样的民族教育、怎样办民族教育"等重大问题。

完善立法健全机构实现民族教育宏观管理。《中华人民共和国宪法》赋予了少数民族受教育的平等权，并规定了民族教育发展与管理的基本原则和基本制度，成为加强民族教育管理，制定民族教育法律法规的根本依据。在《宪法》指导下，《民族区域自治法》《义务教育法》《教育法》《职业教育法》《高等教育法》等相关法律分别做出了具体规定，以立法形式实现对民族教育的宏观管理。《宪法》第 119 条[2]确定了民族自治地方管理民族教育，行使自主管理本地区教育的权利。《民族区域自治法》第 36 条、第 37 条[3]为民族自治地方对民族教育的管理提供了更为具体的法律依据，使民族教育管理工作有法可依、有章可循，实现了政策、制度、法律三位一体，有力地保障了民族教育自主发展的权利。

发展民族教育事业是少数民族和民族地区发展的重要途径，发展民族教育也是我国民族工作的重要内容。从中华人民共和国成立伊始就开始着手建立民族教育管理机构。1951 年 9 月，第一次全国民族教育会议在北京召开，

---

[1] 《中华人民共和国教育法》第三条规定国家坚持以马克思列宁主义、毛泽东思想和建设有中国特色社会主义理论为指导，遵循宪法确定的基本原则，发展社会主义的教育事业。第五条规定教育必须为社会主义现代化建设服务，必须与生产劳动相结合，培养德、智、体等方面全面发展的社会主义事业的建设者和接班人（《中华人民共和国教育法》，《中国高等教育》1995 年第 5 期）。

[2] 教育、科学、文化、卫生、体育事业，保护和整理民族的文化遗产，发展和繁荣民族文化。全国人大常委会办公厅联络局编《中华人民共和国宪法及有关资料汇编》，中国民主法制出版社，1990，第 30 页。

[3] 《民族区域自治法》第 36 条规定："民族自治区的自治机关根据国家的教育方针，依照法律规定，决定本地方的教育规划，各级各类学校的设置、学制、办学形式、教学内容、教学用语和招生办法"。第 37 条第一款规定"民族自治地方的自治机关自主地发展民族教育，扫除文盲，举办各类学校，普及九年义务教育，采取多种形式发展普通高级中等教育和中等职业技术教育，根据条件和需要发展高等教育，培养各少数民族专业人才"（《中华人民共和国民族区域自治法》，《中华人民共和国全国人民代表大会常务委员会公报》2001 年第 2 期）。

教育部和有关各级人民政府行政部门建立少数民族教育机构或指定专人负责少数民族教育工作。1952 年 4 月政务院发布《关于建立民族教育行政机构的决定》，要求在中央和有关各级政府的教育行政部门内设立民族教育机构或设专人负责管理少数民族教育事宜，并对机构设置、职能、人员配备等提出了具体要求。教育部设立民族教育司，各地也在教育部门内设置了专门管理民族教育的机构或分管干部。到 1985 年底，有 11 个省、自治区、直辖市在省一级的教育机构中设立民族教育处，其他有关省、自治区、直辖市也配备专人负责民族教育的管理，有关地（州）、县一级教育行政部门也恢复了民族教育行政机构，或设专人负责民族教育工作。与此同时，国家民委下设民族教育司（现为教育科技司），在相关省、自治区、直辖市民委下设民族教育处，各地方教育行政机构中设立相应的科、股机构。这样，便形成了对民族教育进行行政管理的两个体系。教育部民族教育司及下属各机构，主要从国家教育事业一体化角度管理民族教育。国家民委教育科技司及下设各机构主要从民族自治区、自治州、自治县乡的范围内管辖多元的各少数民族教育事业，逐步形成了分工明确、各尽其职、互相配合、多元一体的民族教育管理体制。教育管理体制的建立健全为民族教育的发展提供了可靠的保障机制。

2. 坚持全面科学协调发展，确定民族教育的发展路线

党的十九大报告指出，推动城乡义务教育一体化发展，高度重视农村义务教育，办好学前教育、特殊教育和网络教育，普及高中阶段教育，努力让每个孩子都能享有公平而有质量的教育。发展民族教育，必须要走全面科学协调发展之路。

第一，要协调民族教育外系统的发展。一方面，民族教育必须主动服从、服务于经济建设这个中心，为社会主义精神文明建设服务，做到发展为了人民、发展依靠人民、发展成果由人民共享；另一方面，经济建设必须转到依靠科技进步和提高劳动者素质的轨道上来，为民族教育发展提供必要的物质保障。2013 年 11 月 3 日，习近平在湖南湘西调研时指出："加快民族地区发展，核心是加快民族地区全面建成小康社会步伐。因此，在当前形势下，民族工作有两件大事，一个是团结，一个是发展。圆好团结梦，追寻发展梦，是民族工作的根本任务。"[①] 民族教育事业的发展作为民族工作的一

---

① 孙文振：《圆好团结梦、追寻发展梦是民族工作的根本任务》，《中国民族报》2013 年 7 月 23 日。

个重点，是民族地区的全面小康，各民族人民实现中国梦的巨大推动力量，而民族教育的发展也会在实现全面小康和中国梦的过程中，加速发展，快速提升。

第二，要协调民族教育内系统的发展。培养全面发展的人，就要协调好德、智、体、美的关系和发展，尤其是德育和智育的协调发展。2013 年 10 月 1 日，习近平在给中央民族大学附属中学全校学生的回信中明确指出：希望学校继承光荣传统，传承各民族优秀文化，承担好立德树人、教书育人的神圣职责，着力培养造就中国特色社会主义事业合格建设者和接班人。① 党的十九大报告则指出，要全面贯彻党的教育方针，落实立德树人根本任务，发展素质教育，推进教育公平，培养德智体美全面发展的社会主义建设者和接班人。新中国成立 70 年来，党和国家很好地解决了为谁培养人、培养什么人的问题，要求永远把坚定正确的政治方向放在第一位。遵循这个原则，大批德才兼备的人才充实到了民族地区各行各业，成为少数民族和民族地区发展的栋梁。

第三，布局结构的协调发展。十九大报告指出，推动城乡义务教育一体化发展，高度重视农村义务教育，办好学前教育、特殊教育和网络教育，普及高中阶段教育，努力让每个孩子都能享有公平而有质量的教育。为此，一是战略布局结构要协调。即实现少数民族和民族地区各级各类教育的相互促进，必须使各级各类教育按比例、有步骤、可持续地协调发展。以内蒙古为例，民族高等教育分布明显失衡，办学层次较高、办学历史较长、办学规模较大的优质高等教育资源大部分都集中在首府，职业技术类院校则大多分布在各盟市，而且在办学规模、层次、质量和资源方面都有较大的差距。在自治区现有的 17 所本科院校中，仅 7 所不在自治区首府办学，而 36 所专科院校中 22 所院校在首府以外办学。这种格局其实就是一种布局不均衡的体现。在民族教育体系中，基础教育是"重中之重"，必须作为民族教育发展全局的战略重点、扶持重点。近年来，结合扶贫工作的深入，国贫县及区贫县教育投入力度持续加大，教育公平缺失现象极大校正。到 2020 年学前教育毛入园率要达到 85%，普惠性幼儿园要占到幼儿园的 80% 以上。二是在学校布局结构上，注意协调集中办学与分散小学的发展，尤其是在当前大力推进城镇化进程中，要将两者合理考虑，既要注意到民族贫困地区农村人口向城

---

① 《人民日报》2013 年 10 月 7 日第 1 版。

镇相对集中流动的趋势，也要考虑部分民族地区人口稀少的问题。

第四，形式内容的协调发展。经过新中国成立后 70 年的努力，民族教育在办学形式上积累了许多成功经验，如举办民族中小学、民族预科班、民族班、民族院校等，体现了民族教育坚持民族性原则，对于民族教育发展起了重要作用。但是，也不能把单一的民族教育形式片面地理解为从事发展民族教育的唯一形式，否则，既不利于民族人口素质的提高、不利于民族人才的培养，也办不出现代化的民族教育。发展民族教育，既要注意形式更要注重内容，要采取以民族性原则为前提的多种形式促进民族教育的现代化进程。

第五，继承传统和改革开放的协调发展。经验证明，一味地固守传统或盲目改革的做法都是不可取的。民族教育有很强的继承性，必须在坚持继承的基础上深化改革开放。一是必须始终坚持以改革统揽全局，加快民族教育创新的指导思想，促进民族教育快速、健康、持续的发展。民族教育改革应着眼特点，突出重点，以提高教育质量和效益为目标，坚持提高民族教育的办学效益与保持民族教育特点相结合，调整民族教育规划和学校布局，深化民族教育管理体制以及学校内部管理的改革，积极实施新的紧随时代、少数民族和民族地区实际的民族教育治理体系。二是民族教育的开放就是打破封闭保守的办学机制，坚持民族教育的国内外交流与合作，既有利于宣传民族教育，又有利于学习先进经验、培训师资队伍、筹措教育经费等。

3. 坚持国家和先进地区的帮助扶持与民族地区自力更生相结合，凝聚民族教育的发展动力

民族教育快速协调发展目标的实现，必须建立在少数民族自力更生的基础上，同时也离不开国家和先进地区的帮助。

少数民族和民族地区的自力更生是民族教育发展的内源动力。要实现民族教育的跨越式发展，就要真正把民族教育摆在优先发展的战略位置，用"有为"来巩固"有位"。新中国成立以来，少数民族和民族地区各级财政教育经费支出做到了"三个增长"，也即达到了《中华人民共和国义务教育法》所规定的"国务院和地方各级人民政府用于实施义务教育财政拨款的增长比例应当高于财政经常性收入的增长比例，保证按照在校学生人数平均的义务教育费用逐步增长，保证教职工工资和学生人均公用经费逐步增长"的法定要求（其中义务教育财政拨款是指义务教育预算内教育经费）。地方各级财政对寄宿制民族中小学学生给予一定的生活补助等。随着国家教育体

制改革的深化，依赖于各少数民族自我发展的教育发展特性越来越突出，特别是把国家扶助的输血功能转为造血功能，不断提升自我发展能力，增强了民族教育可持续发展动力。

国家对民族教育的帮扶，主要体现在政策扶持、资金扶持、对口支援上。

第一是政策扶持。由于自然、历史等原因，少数民族和民族地区教育基础较差，教育成本较高，因此，民族教育要发展离不开国家和政府的扶持。《宪法》规定国家要根据各少数民族的特点和需要，帮助各少数民族地区加速经济和文化的发展，国家对民族教育的帮助扶持用根本法的形式确定了下来，这就奠定了国家帮助民族教育发展的法制基础。为确保这一原则的实现，《民族区域自治法》《教育法》等基本法、部门法做出了国家帮助扶持民族教育的具体操作方式。比如，《教育法》规定"国家根据各少数民族的特点和需要，帮助各少数民族地区发展教育事业。国家扶持边远贫困地区发展教育事业"，[①] 为国家扶持民族教育发展提供了坚实的法律基础，使之走上有法可依的轨道。

第二是资金扶持。党和国家依靠各种力量多渠道筹措教育经费，发展民族教育事业。1951 年，设立少数民族发展教育补助费。这项资金的注入对民族教育的发展起到了极大的推动作用。2013 年，中央下达农村义务教育薄弱学校改造计划资金 100 亿元，重点支持中西部农村地区、民族地区、贫困地区改善薄弱学校办学条件[②]。2016 年，仅在内蒙古乌兰察布，就获得国家特殊教育补助资金 100 万元，支持各类学校发展，其中乌兰察布市蒙古族小学 20 万元，四子王旗蒙古族小学 20 万元，四子王旗红格尔蒙古族小学 20 万元，察右后旗蒙古族学校 20 万元，察右中旗民族学校 20 万元，专项用于蒙古语授课学校科技活动室建设。[③]

第三是对口支援。对口支援是中国特色的帮助贫困地区特别是少数民族和民族地区发展的一种有效形式，在 20 世纪 50 年代开始萌芽，改革开放后确定，在民族教育领域广泛应用。1992 年《关于对全国 143 个少数民族贫困县实施教育扶贫的意见》出台，确定河北、北京、江苏、辽宁、山东等

---

① 《中华人民共和国教育法》，《中国高等教育》1995 年第 5 期。
② 《2013 年中国人权事业的进展》，《人民日报》2014 年 5 月 27 日第 3 版。
③ 《2016 年中央财政支持少数民族地区教育特殊补助资金 100 万元已如期落实到项目学校》，http：//www.wulanchabu.gov.cn/information/wlcbzfw11366/msg934756831446.html。

省（市）对口支援 143 个少数民族贫困县。到 1995 年，95% 以上的市、县（旗）确定了对口支援协作关系，包括提供援助资金和教学仪器设备、帮助培训干部和教师、资助贫困失学儿童上学、结成姊妹学校等。随着 2000 年西部大开发战略的启动，教育对口支援形成正式教育制度之外的一种补充性教育制度安排，而内地西藏班（校）、内地新疆班的举办更是中国民族教育史上的创举，功在当代、利在千秋、造福边疆地区。内地民族班办学，已基本形成包括初中高中阶段、普通本科教育在内的内地民族班办学格局。除此之外，还实施了少数民族高层次骨干人才培养计划，55 个少数民族全都有了本民族的本科生，基本有了本民族的硕士和博士研究生。

4. 坚持为少数民族和民族地区服务，明确民族教育的办学宗旨

新中国成立以来，民族教育认真贯彻党的教育方针，牢牢把握"为少数民族服务，为民族地区服务"的"二为"办学宗旨，实现了与少数民族和民族地区的经济社会发展相互促进、共同推进。习近平总书记高度强调扎根中国大地办中国大学，对于发展民族高等教育而言，就是要明确提出扎根民族地区办好民族大学，在坚持"四个服务"的基本要求的前提下，秉持"为少数民族和民族地区服务、为国家发展战略服务"的办学初心。

坚持以少数民族学生为主要教育对象。把土生土长的通晓本民族语言、了解本民族文化和风俗习惯的少数民族学生培养成材，为民族发展服务、为民族地区发展服务是我国民族教育的主要任务。《民族区域自治法》规定国家"在高等学校举办民族班、民族预科，专门或者主要招收少数民族学生，对少数民族考生适当放宽录取标准和条件，对人口特少的少数民族考生给予特殊照顾……"[1] 十九大报告指出的"鼓励引导人才向边远贫困地区、边疆民族地区、革命老区和基层一线流动，努力形成人人渴望成才、人人努力成才、人人皆可成才、人人尽展其才的良好局面，让各类人才的创造活力竞相迸发、聪明才智充分涌流"在很大程度上得以实现。

坚持为少数民族和民族地区培养人才。建设中国特色社会主义是一个包括经济建设、政治建设、文化建设、社会建设、生态文明建设五位一体的系统工程，每个方面都离不开教育的支撑。新中国成立以后，民族院校和少数民族地区各类高校学科设置不断趋于合理、办学质量不断提高，市场竞争力

---

[1] 《中华人民共和国民族区域自治法》，《中华人民共和国全国人民代表大会常务委员会公报》2001 年第 2 期。

不断增强，为少数民族和民族地区的发展提供了人才支撑。特别是随着民族地区经济社会的快速发展，职业技术教育迅猛发展，中等教育着力调整民族教育结构，改变重普通中学、轻职业技术中学的倾向，形成了比较合理的比例关系。初中阶段，适当渗透职业教育内容，实行农、科、教结合，使学生完成初中学业后即使不能继续学业也有一技之长，拥有为少数民族和民族地区经济社会发展提供服务的一些技能。党和国家还把少数民族和民族地区基本普及九年义务教育、基本扫除青壮年文盲即"两基"作为具体的社会工程，采取了明确具体的方针政策措施，既为少数民族和民族地区培养了大批合格的劳动者，又为更高层次的教育提供了数量较多的合格学生，具有里程碑式的意义。在 2018 年 9 月 10 日召开的全国教育大会上，习近平总书记再一次指出："要努力构建德智体美劳全面培养的教育体系，形成更高水平的人才培养体系。"这一点，对于民族高等教育一样适用，民族教育要更加把培养各民族高素质人才作为根本责任。

坚持科学研究与创新助推民族地区发展。新中国成立以后，我国各民族院校始终坚持"面向少数民族和民族地区，为少数民族和民族地区的经济与社会发展服务"的办学宗旨，打造了一支熟悉民族地区情况，热爱民族工作，能够为少数民族和民族地区提供实用技术和智力支持的科技服务队伍，着力从人才培训、调研、"产、学、研"项目合作等方面为民族地区提供服务。内蒙古自治区出台了《办好人民满意高等教育的意见》《统筹推进国内和世界一流大学一流学科建设总体方案》等重要文件，重点支持内蒙古大学进入国内一流大学行列，全区高校遴选出 50 个左右学科进行重点建设，内蒙古地区民族教育的"双一流"建设拔锚起航；航空、大数据、蒙医药等自治区产业发展急需的学科得到高度重视，高等教育与自治区经济发展的契合度不断增强。

5. 坚持贯彻落实民族政策，建构民族教育发展的政策保障

民族政策是"政党（尤其是执政党）、国家机关及其他政治团体在一定时期为实现或服务于一定政治、经济、文化、社会目标所采取的政治行为或规定等的准则，是为民族发展、协调民族关系采取的一系列相关法令、规定、措施、小法、条例等的总和[1]。每个政党的民族政策都有自己鲜明的价值取向，而中国共产党民族政策的价值取向，是以对少数民族和民族地区各

---

[1] 金炳镐：《民族理论通论》（修订本），中央民族大学出版社，2007，第 458 页。

项事业的发展采取帮助、扶持为核心的。习近平总书记在 2014 年中央民族工作会议上指出："要做好民族教育工作就要坚定不移走中国特色解决民族教育问题的正确道路，从实际出发，顶层设计要缜密、政策统筹要到位、工作部署要稳妥。"①

中国共产党民族政策是实现真正民族平等的保障。发展民族教育是促进少数民族快速发展、逐步消除民族间的发展差距、实现真正意义上的民族平等的根本途径。这里说的"真正平等"是指在取得了政治和法律上的平等基础之上的经济文化等方面的平等，受教育平等是其重要内容和前提基础。当前，我国民族地区教育公平不同程度的缺失是一种客观事实，表现为不能拥有均等的受教育机会、不能均等地占有教育资源投入、不能均等地获得与其智力水平相符合的学识和发展水平并制约获得成功的机会。比如，少数民族大学生特别是使用少数民族语言文字授课的学生，在与同等学力的汉语授课学生一起参与就业市场竞争时大多会处于劣势。从一定程度上讲，这是由他们在接受教育过程中付出的不同的"代价量"所造成的。校正"不平等"的现实必须依靠"不平等"的方式。因此，党的民族政策必须坚持，在这一点上不能有任何动摇。

中国共产党的民族政策是成功解决当代中国民族问题的关键。民族发展的核心是组成民族的人的发展，而人的发展取决于教育的发展，所以，民族教育的发展问题实际上是当代中国民族问题的重要组成部分。当代中国，民族问题主要是由民族与民族地区发展滞后产生的，发展差距是矛盾产生的根源。消除发展差距，最主要的是提高少数民族和民族地区的自我发展能力，而这种能力是要依靠民族教育来培养的。所以，发展民族教育是消除民族发展差距、解决当代中国民族问题的有效途径。

新形势下必须加大力度构建民族教育发展的政策保障。新中国成立以后，世代受欺压的少数民族获得了平等的政治权利和政治地位，获得了前所未有的发展契机，但是，由于发展能力上的弱势，使其发展速度、发展水平等方面都受到了很大制约。正是因为这个原因，中国共产党的民族政策从价值取向上一贯坚持对少数民族实行帮助、扶持、补偿政策，帮助他们实现优先发展、倾斜发展，特别是要帮助他们提升自我发展能力。也正是得益于国

① 《中央民族工作会议暨国务院第六次全国民族团结进步表彰大会在京举行》，《人民日报》2014 年 9 月 30 日。

家和先进地区的帮助扶持，民族教育才有了今天的发展成就。当前我国进入全面小康社会倒计时、攻坚克难的关键时刻，贫困人口比较集中在少数民族人口当中，比较集中在少数民族地区，只有加大对民族教育事业的持续大力帮助扶持，少数民族和民族地区的自我发展能力才能得到持续提高，民族地区才可能与全国一起实现全面小康。在新的历史时期，民族教育的发展面临新问题。任何理论、任何政策都无法达到穷尽状态。必须要在坚持中国共产党民族政策价值取向的前提下，不断在实践中丰富发展完善民族教育政策体系，建构起民族教育发展的政策保障。

党的十八大以来，以习近平同志为核心的党中央高度重视教育事业，着眼于统筹推进"五位一体"总体布局和协调推进"四个全面"战略布局，中国特色社会主义教育达到了新的发展高度。民族教育扶贫作为民族地区最长远的民生工程，成为改变民族地区的落后面貌、挖掉穷根的治本之策。内蒙古地区通过民族教育扶贫阻断了贫困代际传递，让贫困地区孩子幼有所学、学有所用、用而有效，掌握了知识、改变了命运、造福了家庭，让人民群众真切地体验到了幸福感、获得感，探索出了一套具有鲜明特点的扶贫经验，取得了巨大成效。

二　民族教育政策的价值取向

民族政策是"政党（尤其是执政党）、国家机关及其他政治团体在一定时期为实现或服务于一定政治、经济、文化、社会目标所采取的政治行为或规定等的准则，是为民族发展、协调民族关系采取的一系列相关法令、规定、措施、办法、条例等的总和"。[①] 任何国家的民族政策都有其自身的价值评估、选择决策等方面的倾向性，这种倾向性也即民族政策的价值取向，它所折射出的是这个国家的政府、这个国家的执政党对待民族问题的立场、观点和态度，决定着民族政策的基本内容和精神实质。民族政策是否符合本国的国情，是否有利于各民族人民尤其是发展滞后民族的发展，能否使其感受到多民族大家庭的温暖，直接影响着多民族国家的统一、社会的安定、民族关系的和谐、民族问题的有效解决。

民族教育政策是党和国家为加速民族教育的发展而采取的一系列相关法令、规定、措施、办法、条例等的总和，是党和国家民族政策的重要组成部

---

① 金炳镐：《民族理论通论》（修订本），中央民族大学出版社，2007，第458页。

分。作为民族政策的重要组成部分，民族教育政策在价值取向上与其保持同向。

对发展劣势的少数民族实行帮助、扶持政策，实现其优先、倾斜发展及自我发展能力的快速提升是我国民族政策的基本价值取向。改革开放 40 年来，我国政府为适应改革开放的新形势，加快民族地区教育事业的发展，根据民族地区的实际情况和教育发展的规律特点，制定了一系列的民族教育政策，为民族教育的快速发展奠定了坚实的基础，民族教育发展进入快车道。对提高少数民族科学文化素质，推动民族地区经济社会发展，促进民族团结、社会稳定和国家统一起到了十分重要的作用。

1. 帮助、扶持，优先发展——民族教育政策价值取向的核心

多民族的社会主义中国，各民族在政治上和法律上的平等地位、平等权利已经确立，但是历史上形成的民族地区经济文化发展的长期滞后状态短时期却很难消除。虽然说改革开放以后民族地区各项事业的发展是突飞猛进的，但与汉族地区、发达地区的发展相比差距出现了拉大的态势，这就决定了民族政策上的帮助、扶持取向的必要性，决定了它的长期性和稳定性。

民族教育政策的价值取向是由社会主义的本质要求决定的。"社会主义的本质，是解放生产力，发展生产力，消灭剥削，消除两极分化，最终达到共同富裕。"① 由于历史、自然等因素的综合作用，我国的少数民族和民族地区在发展水平上长期滞后，新中国成立以后，得益于党的民族政策，这种差距迅速缩小。20 世纪 70 年代末 80 年代初，国家在资源配置和重大建设项目布局方面体现"两步走"战略指导，东中部汉族地区的发展速度远远高于民族地区，已经缩小了的民族发展差距出现了拉大的态势。保障各民族的均衡协调发展是社会主义国家的责任与义务，经济文化权利的平等享受也是各民族的合法权利。改革开放以后，在国家经济发展大格局上，按照"两步走"的战略安排规划，中国的中东部地区得到了率先发展，对于这种战略安排，少数民族地区顾全了这个大局。到 21 世纪初，西部大开发战略启动，国家加大了对西部地区的支持力度，此时，率先发展起来的汉族地区和汉族干部群众也应以更加积极的态度来帮助、支持民族地区和少数民族的发展。在帮助、扶持少数民族和民族地区发展的问题上，中东部地区也要顾全这个大局。这既是给予少数民族对国家贡献的最充分肯定和"反哺"，也

---

① 《邓小平文选》第 3 卷，人民出版社，1993，第 373 页。

是我国社会主义本质属性的体现。新中国成立以后，党和政府对民族教育事业投入了极大的关注，形成了具有中国特色的民族教育政策体系。1951 年教育部第一次全国民族教育会议提出"各地人民政府除按一般开支标准拨给教育经费外，并应按各民族地区的经济情况及教育工作，另拨专款，帮助解决少数民族学校的设备、教师待遇、学生生活等方面的特殊困难"。① 几十年来，党和国家在教育经费投入、师资水平提高、学生入学就业等方面，实施了一系列的优先发展、倾斜发展政策，特别是扶贫攻坚战打响以后，对民族教育的投入更是史无前例的，民族教育的快速发展是其实效性的最好体现。

民族教育政策的价值取向是为加强民族地区和少数民族群众自我发展能力而确定的。对于民族地区的发展，依靠国家和先进地区的帮助是一方面，但更主要的是自我发展能力的培养和壮大。在决定民族发展和民族地区发展的内生因素没有足够强大的时候，外因的推动作用往往比内因的自我发展更为重要。改革开放以后，为适应新形势，推动民族地区教育事业发展进入快车道，我国政府根据民族地区的实际情况和教育发展的规律特点，制定了一系列的民族教育政策，主要内容包括：深入推进民族团结教育、促进各民族文化交融创新、改革完善考试招生制度、实施少数民族高层次骨干人才计划、建立完善高校民族班、预科班招生制度、举办内地民族班、积极稳妥推进双语教育、保障民族贫困地区儿童特别是女童接受教育的权利、加强民族教育师资队伍建设、完善经费投入机制、加大教育对口支援力度、加强民族教育科研工作等方面的内容。② 其中，改革完善考试招生制度、实施少数民族高层次骨干人才计划、建立完善高校民族班、预科班招生制度、举办内地民族班、保障民族贫困地区儿童特别是女童接受教育的权利、加强民族教育师资队伍建设、加大教育对口支援力度等内容，表达出强烈的帮助扶持民族教育优先发展、倾斜发展的价值取向。

2. 民族教育政策的价值取向决定其对民族发展的推动作用

在党的十九大上，习近平同志提出"深化民族团结进步教育，铸牢中华民族共同体意识，加强各民族交往交流交融，促进各民族像石榴籽一样紧

---

① 《中央人民政府教育部关于第一次全国民族教育会议的报告》，《人民日报》1951 年 12 月 22 日第 3 版。

② 陈立鹏、任玉丹：《改革开放 40 年来我国民族教育重大政策梳理》，《中国民族教育》2018 年第 11 期。

紧抱在一起，共同团结奋斗、共同繁荣发展"的要求。这是以我国历史发展和现实改革为背景提出的重要论断，是习近平新时代中国特色社会主义思想关于民族工作相关论述的重要体现，也是我国民族工作的政治方向和理论指导。

马克思主义认为，世界是普遍联系的，事物之间的相互作用是事物发展的终极原因。而这里所讲的"相互作用"既包括事物内部诸要素之间的相互作用，也包括各事物之间的相互作用，即包括内因和外因。理解事物变化发展的动因不是"内因或外因"而是"内因和外因"。从普遍联系的角度思考问题，发展与教育发展、扶贫与教育扶贫之间有着密切的联系，而且在特定情况下，外因的作用可能会超过内因的作用。对民族地区教育事业的发展，在相当长的时期内，国家的帮助、扶持起了相当大的作用，甚至是关键作用。

第一，保障了民族地区儿童接受教育的权利。国家对民族贫困地区儿童的教育，采取了特殊的保障政策，帮助和促进民族贫困地区教育事业的发展。1992年，国家教委出台《关于对全国143个少数民族贫困县实施教育扶贫的意见》，提出要对口帮扶143个少数民族贫困县教育发展。1995年又颁布实施了《中华人民共和国教育法》，明确规定要重点扶持边远贫困地区、少数民族地区实施义务教育。2001年，国务院发布《关于基础教育改革与发展的决定》，要求中央和省级人民政府要通过转移支付，加大对贫困地区和少数民族地区义务教育的扶持力度。2018年，教育部、国务院扶贫办印发了《深度贫困地区教育脱贫攻坚实施方案（2018—2020年）》，提出到2020年，"三区三州"等深度贫困地区教育总体发展水平显著提升，实现建档立卡贫困人口教育基本公共服务全覆盖。

第二，改革完善考试招生制度提高了少数民族的文化科学素质。少数民族学生升学优惠政策是基于少数民族教育起步晚、起点低等问题造成的教育不均衡现象而实施的一项政策，是少数民族优惠政策的重要组成部分。1978年高校招生时规定，对边疆地区的少数民族考生最低录取分数线及录取分数段，可适当放宽。鉴于恢复高校招生统一考试后，少数民族学生比例有所下降的情况，1981年高等学校招生时进一步规定，对边疆、山区、牧区少数民族聚居地区的少数民族考生可根据当地的实际情况适当降低录取分数。对散居在汉族地区的少数民族考生，在与汉族考生同等条件下优先录取。高等学校举办少数民族班，可适当降低分数或采取定向招生、定向分配的办法，招收边疆、山区、牧区等少数民族聚居地区的少数民族考生。这一时期还提出了招生按比例分配名额的政策。2004年，教育部下发《2004年普通高等学校招生工作规定》指出，对边疆、山区、牧区、少数民族聚居地区的少数民族考生，可在高等学校调档分数线下适当降低分数要求投档，同一考生如符合多项降低分数要求投档的条件，只取其中降低分数要求幅度最大的一项分值，且不得超过20分。2006年以后，少数民族预科政策主要以"加分录取"为主。2015年颁布的《国务院关于加快发展民族教育的决定》中指出要改革考试招生制度，保留并进一步完善边疆、山区、牧区、少数民族聚居地区少数民族考生高考加分优惠政策。①

第三，师资队伍建设制度为民族教育发展提供了人才支持。加强民族教育师资队伍建设制度，提高民族教育教师队伍质量，特别是农牧区教师队伍质量，是我国民族教育工作的重中之重，受到党和国家的高度重视。1980年教育部在《关于办好中等师范教育的意见》中提出，在人口较多的州、盟和地区要办好一两所民族师范学校，逐步做到少数民族小学，由合格的民族教师任教。2000年教育部下发的《中小学教师继续教育工程方案实施意见》中强调，要加强少数民族和边远贫困地区中小学教师的培训。2002年《国务院关于深化改革加快发展民族教育的决定》指出，少数民族和西部地区教师队伍建设要把培养、培训双语教师作为重点，建设一支合格的双语型教师队伍；加强教师培训，提高教师学历学位层次。2006年5月，教育部、财政部、人事部、中央编办联合印发了《农村义务教育阶段学校教师特设岗位计划实施方案》，在西部14个省市启动"农村义务教育阶段学校教师特设岗位计划"。2010年《国家中长期教育改革和发展规划纲要（2010—2020年）》指出，要对双语教学的师资培养培训、教学研究、教材开发和出版给予支持。2011年《教育部关于大力加强中小学教师培训工作的意见》提出，要加强民族地区双语教师培训工作。同年教育部办公厅下发《关于做好少数民族双语教师培训工作的意见》，再次强调做好少数民族双语教师培训工作。2015年《国务院办公厅关于印发〈乡村教师支持计划（2015—2020年）〉的通知》，把民族地区乡村教师队伍建设提升到教育发展战略高

---

① 陈立鹏、任玉丹：《改革开放40年来我国民族教育重大政策梳理》，《中国民族教育》2018年第11期。

度，对加强民族地区乡村教师队伍建设具有重要的指导意义。①

第四，建立完善高校民族班、预科班招生制度提高了少数民族的受教育水平。我国民族预科教育是高等教育的一个特殊层次，是国家为加快培养少数民族高层次人才而实施的一项重要政策措施。1980 年 6 月，教育部颁布了《关于 1980 年在部分重点高等学校试办少数民族班的通知》，决定在全国 5 所重点高校举办民族班。1984 年 3 月教育部、国家民委颁布的《关于加强领导和进一步办好高等院校少数民族班的意见》和 1992 年 10 月国家教委、国家民委发布的《关于加强民族教育工作若干问题的意见》，均着重强调民族预科教育的重要性，提出要继续办好民族预科班。同年 7 月，国家民委公布的《关于加快所属民族学院改革和发展步伐的若干意见》中提到，民族预科的教学要注意和本科课程教学相衔接，侧重加强学生的文化基础知识。2002 年 7 月《国务院关于深化改革加快发展民族教育的决定》提出要加快民族预科教育基地建设。2005 年 6 月，为了大力加强普通高校民族预科班的管理工作，教育部印发了《普通高等学校少数民族预科班、民族班管理办法（试行）》，明确了民族预科班的定义、地位和作用，并对民族预科教育各项工作进行了详细的规定。2010 年教育部发布了《普通高等学校少数民族预科班、高等次骨干人才硕士研究生基础强化班管理办法》，强调民族预科教育必须明确分清教育与宗教的界限。2015 年 8 月颁布的《国务院关于加快发展民族教育的决定》指出要完善高校民族班、民族预科班招生办法，探索实施高校民族预科阶段结业会考制度，不断提高培养质量。这一系列政策措施促进了民族预科教育的发展，为民族预科教育提供了良好的政策保障。②

三 民族教育的扶贫实践

新中国成立以来特别是改革开放以来，国家、内蒙古自治区先后出台一系列政策，支持贫困地区发展各类教育，到 2017 年 12 月，基本形成了国家级、自治区级、盟市级、旗县级的远近结合、比较有效的教育发展政策体系，民族教育扶贫取得了相当大的成效。

---

① 陈立鹏、任玉丹：《改革开放 40 年来我国民族教育重大政策梳理》，《中国民族教育》2018 年第 11 期。

② 陈立鹏、任玉丹：《改革开放 40 年来我国民族教育重大政策梳理》，《中国民族教育》2018 年第 11 期。

1. 民族教育发展政策体系基本框架建构完成

一是学前教育政策体系初步形成。幼儿教育是教育学制的第一阶段，是基础教育的有机组成部分。为此，内蒙古自治区相关部门先后出台一系列政策，支持发展学前教育。如 2001 年自治区人民政府批转《自治区教育厅〈关于全区幼儿教育改革与发展意见〉的通知》、2008 年自治区人民政府办公厅转发《自治区教育厅〈关于深化幼儿教育改革与发展指导意见〉的通知》等，都提出要大力发展农村牧区幼儿教育。特别是"十二五"期间，全区密集出台了一系列政策法规，主要有《学前教育管办分离管理办法》《民办幼儿园管理指导意见》《民办幼儿园设置标准》《内蒙古自治区人民政府关于印发自治区学前教育三年行动计划（2011 年—2013 年）的通知》《内蒙古自治区人民政府批转自治区教育厅关于全面发展学前教育实施意见的通知》《内蒙古自治区人民政府办公厅关于印发自治区第二期学前教育三年行动计划（2014—2016）的通知》等，对学前教育发展现状、总体思路、主要目标和重点任务、主要措施、组织实施等进行了详细规定。2015 年 12 月 23 日，自治区党委、自治区人民政府发布《贯彻落实〈中共中央、国务院关于打赢脱贫攻坚战的决定〉的意见》指出：健全学前教育制度，帮助农村牧区贫困家庭幼儿接受学前教育。[1] 2016 年 1 月，《内蒙古自治区国民经济和社会发展第十三个五年规划纲要》提出：加快普及学前教育。坚持公办为主导，公办与民办并举、农村和城镇并重的原则，结合国家学前教育三年行动计划二期、农村学前教育推进工程，进一步扩大公办幼儿园和普惠性民办幼儿园资源覆盖面。[2]

二是基础教育政策体系日趋完善。大致包括五个基本方面。第一，确保"两基"（基本普及九年义务教育、基本扫除青壮年文盲）实施水平的不断巩固提高。如 1999 年内蒙古自治区人民政府发布《内蒙古自治区人民政府关于做好"两基"巩固提高工作的指示》，提出"两基"巩固提高工作的关键是增加经费投入，重点是改善办学条件、加快师资队伍建设和提高普及程度。到 2008 年，内蒙古自治区通过"两基"验收的旗县要全部达到自治区规定的"两基"巩固提高的标准要求。到 2010 年，内蒙古自治区基层完成

---

① 《内蒙古自治区党委自治区人民政府贯彻落实〈中共中央、国务院关于打赢脱贫攻坚战的决定〉的意见》，《内蒙古日报（汉）》2015 年 12 月 23 日。
② 《内蒙古自治区国民经济和社会发展第十三个五年规划纲要》，《内蒙古日报（汉）》2016 年 3 月 8 日。

所有薄弱学校的改造任务。① 2001 年，内蒙古自治区人民政府发布《内蒙古自治区人民政府批转〈自治区教育厅计委财政厅关于贯彻全国中小学危房改造工程实施管理办法的意见〉的通知》，确定全区实施危改工程与实施"国家贫困地区义务教育工程"（以下简称义教工程）相结合。凡进入第二期义教工程的项目旗县，在义教工程实施的前两年，要首先安排解决危房问题，在危改工程专款中不再安排资金。② 第二，加强区内学校对口支援工作。如 2002 年自治区人民政府办公厅印发《内蒙古自治区关于进一步加强区内学校对口支援工作的意见》中提出，经济条件较好的市（区）和旗县要为支援贫困地区教育发展做贡献。以学校之间对口支援和厅局、大企事业单位帮扶教育为基本形式，以贫困地区义务教育阶段相对薄弱的学校为支援重点，促进贫困地区学校管理水平和教育质量的提高；不增加受援地区的经济负担。③ 第三，农村义务教育学生营养改善计划。改善儿童营养，对切断贫困代际传递具有十分重要的意义。为此，2012 年自治区人民政府办公厅出台《关于印发自治区实施〈国家农村义务教育学生营养改善计划〉试点方案的通知》，提出稳步推进农村义务教育学生营养改善计划实施。第四，义务教育均衡发展。2014 年，自治区人民政府发布《内蒙古自治区人民政府关于深入推进义务教育均衡发展的实施意见》，要求各级人民政府把均衡发展义务教育作为"一把手"工程来抓，切实保障义务教育均衡发展目标的如期实现。到 2020 年底，全区 100% 的义务教育学校办学条件达到自治区标准化要求，102 个旗县（市、区）全部实现义务教育发展基本均衡，实现基本均衡的旗县（市、区）义务教育巩固率达到 95%。④ 第五，乡村教师支持计划。2015 年，自治区人民政府办公厅出台《内蒙古自治区人民政府办公厅关于印发〈乡村教师支持计划（2015 年—2020 年）实施办法〉的通知》，提出的实施范围包括内蒙古自治区苏木乡中心区、嘎查村学校（包括教学点）在编在岗教师。乡村教师待遇提高方面，有六个"干货"：落实乡

---

① 《内蒙古自治区人民政府关于做好"两基"巩固提高工作的指示》，《内蒙古自治区人民政府公报》1999 年第 8 期。

② 《内蒙古自治区人民政府批转〈自治区教育厅计委财政厅关于贯彻全国中小学危房改造工程实施管理办法的意见〉的通知》，《内蒙古自治区人民政府公报》2001 年第 10 期。

③ 《内蒙古自治区人民政府办公厅印发关于中小学布局调整意见等三个意见的通知》，《内蒙古自治区人民政府公报》2002 年第 7 期。

④ 《内蒙古自治区人民政府关于深入推进义务教育均衡发展的实施意见》，《内蒙古自治区人民政府公报》2014 年第 11 期。

村教师补贴政策；加快实施乡村教师周转房建设；完善乡村学校岗位管理制度；实行乡村教师职称评审倾斜政策；加大落实乡村教师荣誉制度的力度；建立乡村教师重大疾病救助制度。各盟市、旗县（市、区）要制定具体实施办法，将本办法进一步明确化、具体化。①

三是职业教育政策逐渐增多。大力发展职业教育，培养各层次的实用型、技能型人才，不仅是提高全区广大劳动者素质的重要途径，也是加快实施教育扶贫的重要环节。关于发展职业教育的专门政策主要有两个：自治区人民政府批转《自治区教委〈关于大力发展职业教育意见〉的通知》（1998年）、《关于加快发展现代职业教育的意见》（2015年）。相关政策涉及职业教育的比较多，如《内蒙古自治区农村牧区扶贫开发条例》（2012年）、《内蒙古自治区国民经济和社会发展第十三个五年规划纲要》（2016年）等。

2. 得益于民族政策的帮助、扶持取向，民族教育取得前所未有的发展成绩

一是学前教育取得明显成绩。按照国家统一部署，全区各级政府对学前教育财政投入和新建、改扩建幼儿园等方面，增量和增幅都是史无前例的。仅2015年就下达学前教育资金17.58亿元，其中，投入6.54亿元新建公办园102所，投入7.1亿元改善公办园办学条件，投入3.47亿元扶持民办园110所。② 2011年和2014年，全区相继启动实施两期学前教育三年行动计划，多措并举大力发展公办幼儿园和普惠性民办幼儿园。"十二五"期间，贫困旗县自然村幼儿园或学前班普及率由6.4%提高到30%。③ 到2017年底，全区幼儿园在园幼儿人数64万人，增长5.4%。④

二是基础教育取得巨大成绩。第一，毛入学率急剧增加。"十二五"期间，贫困旗县学龄儿童入学率比例由95.8%提高到96.6%。⑤ 2017年，鄂伦

---

① 《内蒙古自治区人民政府办公厅关于印发〈乡村教师支持计划（2015年—2020年）实施办法〉的通知》，《内蒙古自治区人民政府公报》2016年第3期。

② 章奎：《我区学前毛入园率高出全国平均水平12.47%》，《内蒙古日报（汉）》2016年3月23日。

③ 王连英：《徐建新委员：170多万人甩掉贫困帽》，《内蒙古日报（汉）》2016年1月28日。

④ 内蒙古自治区统计局：《内蒙古自治区2017年国民经济和社会发展统计公报》，http://www.nmg.gov.cn/fabu/xwdt/pic/201803/t20180329_665945.html。

⑤ 王连英：《徐建新委员：170多万人甩掉贫困帽》，《内蒙古日报（汉）》2016年1月28日。

春旗实现小学零辍学，初中辍学率 0.56%（国家标准不高于 1.5%），九年义务教育巩固率 98.48%（国家标准不低于 93%）。义务教育学校严格实行"划片、就近、免试"入学，开展均衡编班，阳光分班，确保进城务工随迁子女和农村留守儿童全部入学。到 2017 年底，全区小学适龄儿童入学率 100%，初中阶段毛入学率 98.88%。① 第二，学生营养改善成绩显著。自 2012 年 4 月全区实施"农村牧区义务教育学生营养改善计划"，覆盖兴安盟阿尔山市、科右前旗、科右中旗、扎赉特旗、突泉县，乌兰察布市化德县、商都县、兴和县 8 个国家试点旗县 241 所农村学校（含教学点）。如科右前旗开展营养改善计划与勤工俭学相结合的试点，鼓励学校种植绿色蔬菜、做豆腐、加工糕点、养猪等，不仅丰富了食谱内容，还为学生劳动技能培训提供了基地。② 后将学生营养改善计划实施范围扩大至全区 31 个国贫旗县，到 2017 年底，全区 25.7 万名农村牧区学生受益。③ 第三，超额完成全国义务教育发展基本均衡县达标任务。把"全面改薄"作为义务教育脱贫的重要抓手，让贫困地区的孩子接受公平有质量的义务教育。2014～2016 年，国务院教育督导委员会公布 3 批（2013、2014、2015 年）全国义务教育发展基本均衡县（市、区）名单，第一批内蒙古没有，第二批有 2 个，但没有贫困县入列。2015 年全国义务教育发展基本均衡县（市、区）名单中，内蒙古有 25 个。2016 年，有 34 个旗县（市、区）达到国家规定的义务教育发展基本均衡县评估认定标准。2017 年，有 32 个旗县（市、区）达到国家规定的义务教育发展基本均衡县评估认定标准。至此，内蒙古累计达标旗县（市、区）已达 93 个，以县域为单位完成率达到 91.2%，提前 3 年完成国家下达的目标、任务。④ 其中，国家级贫困县有 27 个，占 31 个国家级贫困县的 87.1%，还有 4 个没有达标，集中在赤峰市（3 个：巴林左旗、敖汉旗、翁牛特旗）、通辽市（1 个：科尔沁左翼后旗）。如到 2017 年底，鄂伦春旗 27 所义务教育学校已全部达到自治区办学标准，标准化学校建成率达到 100%，义务教育顺利通过市、自治区、国家"义务教育基本均衡县"三级评估验收。

---

① 内蒙古自治区统计局：《内蒙古自治区 2017 年国民经济和社会发展统计公报》，http：//www.nmg.gov.cn/fabu/xwdt/pic/201803/t20180329_665945.html。

② 彭婕：《教育扶贫：精准扶贫基础工程》，《内蒙古日报（汉）》2014 年 7 月 29 日。

③ 郝文婷：《内蒙古 10 年 350 亿资助困难学生》，《中国教育报》2018 年 1 月 26 日。

④ 张枨：《义务教育均衡发展评估内蒙古九成旗县已达标》，《人民日报》2017 年 10 月 30 日。

科尔沁左翼中旗架玛吐镇团结小学是一所村级学校，2014年前，该校房舍都是D级危房，没有功能室、没有操场。近三年，通过国家投资建设已是焕然一新，逐渐成为一所环境优美、条件优越的乡村学校。2014年建两栋教室，投入资金约170万元，2015年9月竣工投入使用。2015年10月至2017年10月，县域均衡达标项目建设投入该校资金约600万。具体项目有：一是新建建筑有功能室一栋、厕所、门卫、教师周转房等。二是操场建设（200米环形跑道）、各种体育器械等，满足了该校教学工作的需要。三是功能室齐全（科学实验室、音乐教室、美术教室、图书阅览室、微机室、心理健康室、多功能教室、卫生室等）。四是校内甬路和主要通道、学生活动区几乎都是彩砖硬化。五是院内有两处园林，围墙周围绿树成荫。该校教师中，本科学历有6人，专科学历有6人，中师毕业有4人。职称方面，副高有3人，小高有8人，小一有2人，3人未聘职称。学历及职称结构较为合理。

2018年5月6日，笔者带着课题组成员及一些研究生，到扎鲁特旗巴彦塔拉苏木东萨拉嘎查进行调研，走访了扎鲁特旗巴彦塔拉苏木东萨拉嘎查小学领导。该嘎查党支部书记、第十三届全国人大代表吴云波说：

> 2010年，我们向旗领导申请修缮了学校的房子，在扎鲁特旗这所学校是最好的。别的学校都在苏木，只有我们村里没断教育。全旗200多个嘎查村，唯独我们没断学校。有条件的孩子在城里，一部分在村里。我当村干部以后，虽然村里没钱，但每个应届大学生都鼓励1000元，入伍新兵鼓励500元。一直在这么做。学校办学条件还好。政府给投资五六十万元，老领导集合干部每人拿了5000~10000元，把设施设备都配齐全了。

的确，笔者也看到，平整的操场上，国旗高高悬挂在旗杆上面。教室的外墙用白色的涂料粉刷得干干净净，一样颜色的彩钢瓦屋顶，让两排教室看起来既整齐又干净。教室里的桌椅板凳也都很新，有的教室里还有投影仪、电脑，而且还有独立的实验室。在教室前面有一块石头牌匾，上面写着："2013年7月，通辽市运输有限责任公司投资50万元为东撒拉小学改扩建校舍面积520平方米，其中，幼儿园建筑面积201平方米，为学生们提供了好的学习环境。"

此外，乡村教师的工作和生活条件得到较大改善。近年来，全区乡村教师的工作和生活条件得到较大改善，乡村教师队伍素质明显提高，涌现出一批先进典型。2014 年，兴安盟科尔沁右翼前旗乌兰毛都小学教师斯日古楞被评为全国模范教师。2015 年 9 月 8 日，首届"启功教师奖"在北京师范大学颁奖，斯日古楞又荣获"启功教师奖"，奖金 50 万元。① 在 2015 年第 31 个教师节内蒙古自治区优秀乡村教师和优秀特岗教师颁奖晚会上，董素珍等 100 名同志荣获自治区优秀乡村教师荣誉称号，刘莉莉等 20 名同志荣获自治区优秀特岗教师荣誉称号。这是内蒙古首次专题表彰乡村教师和"特岗教师"。② 内蒙古自 2009 年实施"特岗计划"以来，有效缓解了贫困地区教师紧缺等结构性矛盾。

三是职业教育发展较快。"十二五"期间，中高等职业学校为自治区经济社会发展输送 74 万名高素质劳动者和技术技能人才，很多贫困地区的孩子通过高职教育拥有了人生出彩的机会。③ 2016 年 2 月，全区有高职院校 36 所，中等职业学校 250 所。如锡林郭勒盟多伦县职业教育中心于 2013 年 10 月迁入斥资 1.6 亿元新建的多伦县职业教育中心新校区，投资 1600 万元引进先进实训设备，办学条件达到国家级重点职业学校标准，并于 2014 年 7 月正式挂牌锡林郭勒职业学院多伦分院。近几年，多伦县职业教育中心升学率、就业率保持在 95% 以上，职高对口升学成绩稳居全盟首位。④ 鄂伦春旗为就读职业高中的建档立卡和低保家庭贫困学生开辟绿色通道，在同等录取条件下，享受优先选择旗民族职业高中机电、旅游、计算机、护理、学前教育和高铁 6 个专业的权利；旗民族职业高中与呼伦贝尔职业学院、扎兰屯职业学院已达成一致，贫困学生没有升学需求的优先安排进行实习，优先推荐就业；2017 年，呼伦贝尔市职业学院高铁专业订单定向培养已在鄂伦春旗民族职业高中建立专业，并优先录取贫困学生，使贫困家庭子女学得一技之长，为实现就业脱贫打下坚实基础。

3. 民族教育服务贫困地区的实践深入推进

教育对地区经济发展及对受教育者个人自我发展能力的重大影响，不仅

---

① 靳晓燕、王照宇：《共话教师情 共筑教育梦——"启功教师奖"获奖教师与北师大师生座谈交流》，《光明日报》2015 年 9 月 10 日。

② 刘春：《120 名优秀乡村教师和优秀特岗教师受表彰》，《内蒙古日报（汉）》2015 年 9 月 11 日。

③ 章奎：《高职院校单独招生计划 6 成面向贫困旗县》，《内蒙古日报（汉）》2016 年 3 月 23 日。

④ 王久玲、姜晓莹、韩宾臣：《古城多伦绽放幸福新姿——写在锡林郭勒盟精神文明建设经验交流会召开之际》，《内蒙古日报（汉）》2015 年 8 月 22 日。

如此，还会影响受教育者的思维方式、行为模式、思想观念，能够提升人们的价值观，使受教育者更多地依靠自身的文化素质促进自我发展，有效地改善自身和家庭生活条件，实现观念脱贫。因此，在当前的扶贫攻坚战役中，民族教育政策的价值取向会以教育扶贫的形式持续发生作用，对实现民族教育的倾斜发展或优先发展，以及新形势下民族地区"扶贫增收"工作的顺利进行，有着十分重要的意义。

"全面实现小康，少数民族一个都不能少，一个都不能掉队"，这是党中央的庄严承诺。实现民族地区的全面小康，民族教育扶贫必须走在前面，充分发挥"扶智""扶志"的重要作用。民族教育扶贫不仅是对贫困地区教育进行的扶贫，不仅是对贫困生源开展的扶贫工作，更重要的是要发挥民族教育的特点和优势，帮助贫困地区发展、帮扶贫困人口脱贫致富。

民族地区高校作为民族地区高等教育的主阵地，拥有丰富的教育资源，在教育扶贫中的作用不可忽视。如何使民族地区高校在精准扶贫中依托拥有理论研究的优势，依靠对地区发展具有实践指导能力的专家学者的智库储备，下大力气实践民族教育服务贫困地区，助力贫困地区发展，是当前民族教育扶贫必须要考虑的重点问题。

加大招生倾斜的力度。近年来，全区各级党委、政府设立职业教育专项经费，启动"中等职业教育基础能力建设工程"。2016 年，全区高职院校单独招生计划规模中安排 60%的计划面向区内贫困旗县（市区），并实施按需培训扶贫，根据贫困地区实际情况和贫困家庭意愿，实现"职教一人、就业一个、脱贫一家"。同时，改进招生计划分配方式，加大对农村牧区贫困地区定向招生专项计划投放力度，逐步扩大自治区重点高校对招收边远、贫困、民族地区优秀农村牧区学生的定向招生比例，形成保障农村牧区学生上重点高校的长效机制。

贫困人口培训取得较大成绩。为了斩断贫困代际传递，全区的扶贫培训结合地区实际，利用冬天空余时间，以市场需求为导向，从城镇到乡村，瞄准建档立卡贫困人口，分类制定和实施教育培训；对"两后生"（贫困地区未能升学的初、高中毕业生）进行职业技能培训、学历培训；加大种养业、加工业、服务业等实用技术和职业技能培训，大力推行订单、定向、储备和创业培训；深化与产业园区的衔接，按照需要什么、培训什么的原则，实施有针对性地培训。

2015 年，成立内蒙古城乡社区大学，积极开展贫困家庭子女、未升学初高中毕业生、农民工、失业人员和转岗职工、退役军人等职业培训，推进城乡社区教育一体化发展，构建社区大学、学院、教学点三级融通的社区教育综合性网络平台。到 2016 年 2 月，全区中小学、公办幼儿园、中等职业学校普遍建立家长学校，87% 的社区和 71% 的行政嘎查村建立家长学校或家庭教育指导服务点。全区有家庭教育专家 729 人，专职工作者 5180 人，全区各旗县区均建立家长中心校，负责指导当地家庭教育工作的开展。家庭教育工作者经常深入社区和嘎查村举办讲座、报告会、现场辅导等。教育、妇联等部门每年都组织业务培训，对家庭教育骨干进行专业培训，提升家庭教育队伍的专业化水平。[①]

近年来，乌兰浩特市职业教育中心就业培训基地深入到户，以基地为依托，提供培训设施设备，为贫困群众生产生活技能培训提供物质保障及技术支持。同时，建立"造血"机制，广泛开展职业培训，加强专业建设，面向社会培养技能人才，为建档立卡贫困户子女接受职业教育学习技能提供便利。通过选派优秀的专业理论教师和专业实操的能工巧匠，在培训中，尽量选择"易上手、好就业"的培训项目，免费开展厨师、砌筑、面点、种养殖技术、服装裁剪、民族刺绣等"菜单式"的实用及专项技能培训，增进贫困户的就业本领。2018 年以来，已在民生嘎查开展兴安俗厨、砌筑工、中式面点（蒙古馅饼）专项能力培训班三期，174 人享受到实惠。5 月 6～12 日国家职业教育活动周期间，乌兰浩特市青年职业教育培训基地、乌兰浩特市文化体育局蒙古族刺绣（奥日雅玛拉）传承基地、民族事务局文化传承基地、就业局红城就业实训基地揭牌成立，柏开花民族刺绣厂入驻乌兰浩特市职教中心。乌兰浩特市青年职业教育培训基地迎来首批乡村导游培训学员，学员来自义勒力特、乌兰哈达镇和葛根庙镇，培训将助力全域旅游产业发展。

驻村扶贫取得可喜成绩。内蒙古地区各级各类学校在驻村扶贫方面也取得了不少成绩。如内蒙古民族大学负责帮扶通辽市科尔沁左翼后旗朝鲁吐镇昂海嘎查对该村及周边村子的脱贫工作起到了很大的推动作用。

　　访谈对象：呼和
　　访谈地址：通辽市科左后旗朝鲁吐镇昂海嘎查村部

---

① 霍晓庆：《近 170 名家庭教育工作者接受专业培训》，《内蒙古日报（汉）》2016 年 3 月 21 日。

访谈时间：2018 年 4 月 20 日

我是内蒙古民族大学教师，2018 年派驻通辽市科左后旗朝鲁吐镇昂海嘎查的第一书记。我驻村的这个村子，截止到 2017 年底，未脱贫 20 户 68 人，新识别 13 户 36 人，返贫 1 户 3 人，现有建档立卡贫困户 20 户 49 人。

我对我的工作是充满信心的。学校对扶贫工作一直就很重视，自己的职工在哪里派驻，对这里的扶贫工作就会大力支持。现在，我主要是依托学校的资源实力和技术优势扶贫，在发展生产、精准帮扶、教育与健康扶贫上下功夫，收到了很好的效果。

2018 年，我们嘎查的扶贫工作主要围绕以下几个方面开展工作，取得了较好的成绩。经过第三方评估达标，整村实现脱贫摘帽。

产业扶贫方面。一是搞好浅埋滴灌项目。为提高贫困户对浅埋滴灌的开展率，前期对贫困户进行了浅埋滴灌的培训，让他们了解了这项技术，增加贫困户积极性，在全村符合条件、有意愿开展的 48 户贫困户中均实施了浅埋滴灌项目，共开展 973 亩，保障了所有贫困户每户都有 20 亩以上高产稳产田。到了秋天，贫困户的农田产量有了显著的增加，贫困户巴图格日乐的农田产量从去年的年产 4 万斤，猛增到今年的年产 10 万多斤，让贫困户真正感受到了党的扶贫政策和新技术的好处。二是按要求认真落实庭院经济，嘎查所有贫困户均在自家园中种了瓜果蔬菜，解决自家蔬菜供给问题。政府为每个贫困户购买两头小猪，解决贫困户吃肉问题。工作队还为部分有意愿的贫困户购买鸡雏，增加庭院经济的增长点。三是积极向旗革命老区促进会争取项目，并得到他们的高度认可和支持，为未脱贫的 19 户贫困户购买了基础母牛，增强了贫困户脱贫能力。四是认真落实市、旗、镇的各项产业扶贫项目，能够做到扶贫政策不打折、扶贫资金不滞留。全年共计落实扶贫资金 120 多万元。通过一年的努力，全村的贫困发生率从 2017 年的 6.3%，降到 2018 年的 0.38%。同时实现了整村脱贫摘帽。

健康扶贫方面。引导贫困户积极缴纳农村新型合作医疗保险和养老保险，全村贫困户均缴纳了合作医疗和养老保险，缴纳率 100%。深入贫困户了解因病致贫情况，在得知贫困户胡额苏图的儿子患有再生障碍性贫血的消息，曾多次入户了解病情，结合自身专业特点指导饮食和日常护理。在 10 月初其子病情突然加重，我马上带着患儿去我校附属医院住院治疗。提前与附属医院领导沟通，并得到了附院领导高度支持，在床位非常紧张的情况下提前预留了床位，患儿得以快速顺利入院。附院还为患儿缴纳了押金，在本次住院治疗中胡额苏图家没有缴纳任何费用。住院期间我还与主治医生多次沟通，了解病情，探讨治疗方案。该患儿现已出院，临床症状平稳，在积极的治疗下病情会被控制并治愈。

教育扶贫方面。认真落实各项教育扶贫政策，做好教育扶贫政策的宣传。让全部村民了解到知识改变命运的重要性，在"7·1"表彰中，特意加入了"优秀学生代表"，表彰了明珠等三名考上研究生的学生，营造了学习先进氛围。今年，村民立春的儿子巴伊力嘎参加高考，该户有因学致贫可能，我多次与她沟通，希望报考我校，因我校可以减免其子的学费，缓解家庭负担，她也有此意愿。但因巴伊力嘎成绩不理想最后被呼和浩特民族学院美术系专业录取，得到消息后我与该校多次沟通，并争取到了该校的支持，现在巴伊力嘎已顺利入学，并当上了班长、加入了学生会，开始了他的大学梦。

生态扶贫方面。昂海嘎查生态环境优秀，村民淳朴。自我来到该村之日起，对"两委"班子、驻村工作队、包联干部和村民们灌输生态文明建设的重要性。宣传只有生态好了，产业才能得到发展，才能造福下一代。而且通过一年的禁牧，村民们都看到了生态环境带来的好处，牛羊肥硕、庄家丰收，老百姓都看在眼里。我相信该村的生态环境会越来越好。

通辽市职业学院是内蒙古东部最大的高职院校，学校为地方经济发展输送了大批应用型人才，对通辽市的扶贫工作也做了很多工作。通辽职业学院医学系学工办主任董文华于 2015 年 11 月赴清河镇东喜嘎查任第一书记。在任期间，他帮助东喜小学联系通辽职业学院，捐赠学生课桌椅和篮球架，保证了学校的正常教学秩序，丰富了学生的课余生活，同时还帮助村部建立了多媒体培训教室。他还经常入户走访，听取村民的意见建议，关心关爱贫困户、五保户、残疾人、农村空巢老人和留守儿童，帮助解决生产生活中的实际困难，为贫困村的发展献计献策，深得群众的好评。2018 年 5 月，他被派至科尔沁左翼中旗丰库牧场铁北分场任工作队队长、第一书记，当了解到铁北分场村民出行必经之路因大雨致使灌水、塌坑无法正常通过时，董文华积极联系沈阳铁路局、白城铁路分局、太平川工务段，将淤水抽出，方便百姓出行。

四 与民族关系的良性互动

进入 21 世纪以后，我国的贫困人口分布呈现出越来越向少数民族地区集中、越来越向少数民族群众集中的趋势，这一点可以从国家民委的调研中得到印证。同样，这一特点在内蒙古也有所表现，贫困人口在分布上越来越向少数民族聚居的农村牧区集中，越来越向以蒙古族为主的少数民族农牧民群众集中。① 这一点在笔者从 2010 年开始的对内蒙古东部蒙古族聚居区贫困问题的调研中就有很充分的表现。

依据 2000 年人口普查统计数据，内蒙古各盟市包括蒙古族在内的少数民族的占比排序，通辽市最高，达到 49.28%；兴安盟第二，为 45.8%。其他顺次为锡林郭勒盟（33.67%）、阿拉善盟（25.45%）、赤峰市（22.7%）、呼伦贝尔市（17.69%）。东部区明显呈现出少数民族分布占比大的特点，西部的乌兰察布市少数民族占比只有 3.73%。从城乡区域分布上看，蒙古族在农村、牧区的分布密度要远远高于城市。通辽市的国家级、自治区级扶贫工作重点旗县中，除了开鲁县以外，其余都是蒙古族集中分布的地区。在基层农牧区或基层城镇，受教育水平不高、科学素养低下、生态环境恶劣等因素的限制，蒙古族民众自我发展、提升生活水平能力相对低下，贫困比例较高。进入 21 世纪的第一个 10 年里，生活在通辽市的人们不难发现，进城务工的蒙古族青年农牧民大多集中于对文化素质要求较低的建筑、餐饮服务等行业，发展空间很小。还有相当多的一部分富余劳动力，因为汉语使用上的障碍，只能在当地寻找就业机会，不仅机会有限，而且报酬也很低。

随着扶贫攻坚工作的深入，这种情况逐步缓解，有了很大的改变。截至 2017 年底 2018 年初，内蒙古的少数民族聚居旗县贫困发生率为 3.57%，高于全区 2.62% 的平均水平 0.95 个百分点。这表明，随着内蒙古扶贫工作的深入推进，少数民族聚居区的贫困程度得到一定缓解，少数民族贫困人口占比已经基本和在总人口中的占比持平或者略低。截至 2017 年底，通辽市共有少数民族贫困人口 31923 万人，占全市贫困人口总数 56987 人的 56.02%，

---

① 张艾力：《"扶贫攻坚"背景下内蒙古地区贫困问题研究》，《湖北民族学院学报》（哲学社会科学版）2013 年第 5 期。

其下辖的 9 个旗县级行政区划单位中，奈曼旗、库伦旗 2 个国家级贫困旗和科左中旗、科左后旗、扎鲁特旗 3 个自治区级贫困旗都是蒙古族集中分布的地区，也是贫困人口分布比较集中的地区。库伦旗有贫困户 2327 户，贫困人口 6043 人，贫困发生率 4.33%；奈曼旗有贫困户 5583 户，贫困人口 16049 人，贫困发生率 5.15%；扎鲁特旗有贫困户 825 户，贫困人口 2063 人，贫困发生率 1.11%；科尔沁左翼中旗有贫困户 5791 户，贫困人口 15076 人，贫困发生率 3.62%；科尔沁左翼后旗有贫困人口 4423 户，贫困人口 12433 人，贫困发生率 4.45%。民族教育政策的贯彻落实，不仅促进了民族地区经济社会的快速发展，缩小了民族地区与汉族地区发展差距，而且对民族问题的解决和社会主义和谐民族关系的建构意义重大。

第一，民族教育政策有利于促进民族平等的真正实现。新中国成立以后，各民族取得了政治和法律上的平等。但是，因为受经济文化发展差距的影响，民族平等在相当长的时间内还不能是真正意义上的平等，经济文化发展上的不平等将长期存在。

在内蒙古农牧区，教育发展水平严重滞后，教育公平缺失是一种客观事实。这种现象随着经济社会的发展，特别是扶贫工作的深入，得到了很大的校正。这一点，在我们课题组的调研中是深有体会的。我们曾经于 2012 年走访过内蒙古通辽市科左中旗某中心校，发现该学校当时的教学条件十分有限。开展科学教育必备的实验室、实验设备等严重短缺，多媒体教室等功能室在漫长的冬季甚至无法取暖，形同虚设。2017 年，我们课题组再次调研了这个学校，情况已经发生了巨大的改变，特别是教育均衡发展战略的启动，对乡镇学校在师资、教学设备等方面的带动还是很大的，有些教师从教十几年第一次有了走出本旗县进修学习的机会。

第二，民族教育政策有利于促进民族团结的进一步深入。教育公平不仅是新形势下国家教育发展的重要战略要求，更是少数民族个体成员追求、向往的目标。因为接受教育是培养社会成员发展能力和竞争能力的最直接、最常规的途径，它可以提高个人对机会的认知、捕捉能力。民族地区教育公平的缺失不仅削弱了少数民族个体成员自我发展和参与竞争的能力，而且这种弱化效应还会波及他们的后代。如果这种缺失状态长期得不到校正，就会造成民族成员的失落感甚至是民族成员的相对剥夺感，有可能导致民族间利益的矛盾和冲突，可能影响社会稳定和民族关系和谐，严重时甚至可能演化成政治问题。教育公平很重要的一个衡量指标是少数民族学生的就业情况。用少数民族语言文字授课的大学生在走上社会以后获取成功的难度也相对大。也就是说接受双语教育的少数民族学生获得工作的机会要明显大于单纯使用少数民族语言文字授课的同等学力学生,但是与同等学力的汉语授课学生一起参与就业市场竞争,他们则大多会处于劣势。这就要求社会对少数民族大学生的就业给予更多的关注,特别是对少数民族学生中的贫困生,更要加大扶贫的力度。

第三,民族教育政策有利于加强民族互助。所谓的教育公平是人们在教育资源分配、教育机会供求及利用等方面的相对均衡状态,包括教育起点公平、教育过程公平和教育结果公平三个方面。首先,从教育起点上讲,教育公平追求的是学龄前儿童的早期教育、学龄儿童的入学率及保持率。这保证的是受教育者接受教育的机会平等。其次,在受教育过程中,教育公平追求的是教育条件的相对均等,也即教育经费、师资力量、教学设施等教育资源投入的相对均衡。最后,教育结果的平等,追求的是受教育者在结束学校教育走出校门的时候能够拥有均等的劳动机会,也就是平等地拥有取得成功的机会。

教育领域里的民族互助要进一步深入,先进地区、先进民族要加大对民族地区教育事业的帮扶力度,重点要放到提升其自我发展能力的培养上。统计数字表明,民族地区经济社会发展指标在全国的整体排名大多处于平均水平之下,在区域教育能力和区域科技能力排名中表现更为明显。而要改变这种状况,在教育发展不平衡、教育资源配置不均衡的状态下,来自先进民族、先进地区的帮扶不可或缺。要真正把习近平总书记所讲的"鼓励引导人才向边远贫困地区、边疆民族地区、革命老区和基层一线流动,努力形成人人渴望成才、人人努力成才、人人皆可成才、人人尽展其才的良好局面,让各类人才的创造活力竞相迸发、聪明才智充分涌流"[1] 落到实处。

第四,民族教育政策的实施有利于保障少数民族的利益,解决我国民族问题。民族自身的发展问题不仅决定民族特征的发育程度和民族素质状况,也直接影响着民族间的相互关系。社会主义条件下,各民族获得了政治上和法律上的平等地位和发展权利,发展意识不断增强,强烈的发展愿望与自身发展能力不足的矛盾成为民族问题的重要变现形式,民族发展差距成为民族

---

① 习近平:《决胜全面建成小康社会 夺取新时代中国特色社会主义伟大胜利——在中国共产党第十九次全国代表大会上的报告》单行本,人民出版社,2017。

问题产生的主要原因，因此，民族教育政策的实施对成功解决我国的民族问题有着十分重要的意义。

如果民族地区教育公平缺失的状态长期得不到校正，少数民族受教育者的发展劣势就很难得到改变，就会很容易地形成民族成员的失落感、利益剥夺感，甚至引发民族利益、民族发展、民族权利之争，成为影响社会稳定和民族关系和谐的隐患，严重时甚至可能演化成政治问题。

党的十九大报告提出，中国特色社会主义进入新时代，我国社会主要矛盾已经转化为人民日益增长的美好生活需要和不平衡不充分的发展之间的矛盾。十九大对当前我国主要矛盾调整论断的新意在于，把原来所提的"物质文化需要"转变为"美好生活需要"，后者含义更广，立足更高层次需求，不仅要满足人民在物质文化生活的更高要求，而且要满足人民在民主、法治、公平、正义、安全、环境等方面日益增长的要求，还要更好满足人民在经济、政治、文化、社会、生态等方面日益增长的需要，非常契合我国稳定解决人民的温饱问题，总体上实现小康，并继续朝着现代化国家迈进的实际。对于少数民族地区来讲，发展的不平衡和不充分是表现最突出的地方，特别是在基层农牧区更是如此。人民对美好生活的向往和追求也表现得更强烈。民族地区要发展，民族教育要先行。民族教育的发展不仅带动的是文化的发展、经济的发展，也是政治发展的关键。我国民族工作的主题是各民族共同团结奋斗、共同繁荣发展。民族地区教育公平的缺失削弱了少数民族和民族地区自身发展的能力，必然会影响到各民族"共同团结奋斗、共同繁荣发展"。因为在两个"共同"中，民族地区和少数民族群众的自力更生对其发展来讲起决定性作用。民族互助是"两个共同"中的应有之义。只依靠民族地区自身的能力，不可能实现民族地区的繁荣发展；而离开了民族地区的繁荣发展，也不可能实现各民族的共同发展、共同繁荣。

第二章

内蒙古民族教育扶贫难点分析

新中国成立特别是改革开放以后，内蒙古的民族教育事业得到了长足发展，民族教育工作取得巨大成就。全区实现了从"上学难"到"有学上"、从"好上学"到"上好学"的历史性跨越，形成了从学前教育到高等教育、从普通教育到职业教育，层次结构合理，具有鲜明民族特色和时代特征的完整的办学体系。截至 2018 年，全区拥有各级各类学校 7733 所、在校生总规模达到 385.3 万人。学前教育的毛入学率 94.1%，义务教育基本均衡县达到 99%，普通高中的毛入学率达到 92.7%。2017 年小学生均校舍面积 9.7 平方米，是 1980 年的 3 倍；普通中学生均校舍面积 18.6 平方米，是 1980 年的 5.2 倍。2018 年，全区高校毕业生初次就业率达 88.2%，累计培养 50.6 万名少数民族大学生。职业教育累计培养了 200 余万名高素质劳动者和专业技能人才。[①]

民族教育事业的发展离不开民族教育政策的贯彻落实。民族教育扶贫功效的发挥更离不开教育扶贫政策的实践。十八大以来，内蒙古全区共落实学生资助资金 364.7 亿元，惠及学生 3397.7 万人次，精准保障了贫困家庭学生顺利完成学业。[②] 民族教育助推扶贫攻坚取得了巨大成绩，但是，必须清醒地看到，在蒙古族分布相对集中的农村牧区，教育发展受经济发展水平的限制，教育资源分布不均衡，教育公平缺失现象依然存在。农牧区教育水平

---

① 《内蒙古教育实现了从"有学上"到"上好学"的历史性跨越》，http://mini.eastday.com/a/181217094522141.htm。

② 《自治区人民政府召开庆祝改革开放 40 周年教育事业发展新闻发布会》，http://www.nmg.gov.cn/art/2018/12/14/art_1972_243912.html。

和区内城市相比还有很大的差距。要把下一代的教育工作做好，特别是要注重贫困地区下一代的成长。下一代要过上好生活，首先要有文化，这样将来他们的发展就完全不同。义务教育一定要搞好，让孩子们受到好的教育。把贫困地区孩子培养出来，这才是根本的扶贫之策。①

治贫先治愚。从教育扶贫的视角考察民族教育发展，抓住"软肋"，尽快校正教育公平缺失是一切问题的重中之重。当前，内蒙古民族教育扶贫的难点集中在以下几个方面。

一　学前教育办学能力弱、水平低

学前教育是指对幼儿进行有系统、有计划而且科学的大脑刺激，使其大脑各部位的功能逐渐完善而进行的教育。学前教育由家长及幼师等角色完成。幼儿园、学前班等形式是学前教育的主要形式。儿童阶段是人生智力发展的基础阶段，又是发展最快的时期，适当、正确的学前教育对幼儿智力及其日后的发展有很大的作用。"基础不牢，地动山摇"，虽然输在学前教育起跑线上并不意味着将来就一定学不到脱贫致富的本领，不一定"地动山摇"，但至少会对一个人的一生产生消极影响。

内蒙古农牧区是学前教育比较薄弱的地区，具体表现在以下方面。

第一，幼儿园的规划布局不够合理。从 21 世纪第一个 10 年开始，内蒙古地区的学前教育发展提速很快。2011~2013 年，按照国家统一部署，内蒙古全区各级政府对学前教育财政投入和新建、改扩建幼儿园等方面，增量和增幅都是史无前例的。"十二五"期间，全区共有独立设置的民族幼儿园362 所，在园幼儿 7.9 万余人，分别占全区幼儿园和在园幼儿总数的10.30%、13.32%。其中，实行蒙汉双语教学的民族幼儿园 316 所，在园幼儿 5.1 万余人，分别占全区幼儿园总数和在园幼儿总数的 8.99%、8.73%，蒙古族聚居地区基本普及了学前蒙汉双语教育，② 贫困旗县自然村幼儿园或学前班普及率由 6.4% 提高到 30%。③ 截止到 2018 年，内蒙古有幼儿园 3672所，其中公办园 1233 所，占总数的 33.58%；普惠性民办幼儿园 472 所，占

① 《在河北省阜平县考察扶贫开发工作时的讲话》（2012 年 12 月 29 日、30 日），《做焦裕禄式的县委书记》，中央文献出版社，2015，第 24 页。

② 章奎：《数说民族教育"十二五"成长故事》，《内蒙古日报（汉）》2015 年 12 月 8 日。

③ 王连英：《徐建新委员：170 多万人甩掉贫困帽》，《内蒙古日报（汉）》2016 年 1 月28 日。

总数的 12.85%。但是，在经济比较发达的城市周边，农牧区学前教育比较发达，质量也相对好。在偏远、自然环境差或者人口稀少的地区，情况则不然。比如，巴彦淖尔市 59 个乡镇中有 5 个苏木乡镇没有幼儿园；包头市固阳县除县政府所在地金山镇有幼儿园，其他乡镇均没有幼儿园①。幼儿园的规划布局不够合理，资源分布不均衡仍然是很严重的问题。

第二，师生比过高，师资质量较低。在内蒙古农牧区，学龄前儿童的受教育情况基本呈现出以下两种情况。一部分孩子在本村上学前班，但村办小学学前班的教师大多没有教学前儿童的经验和专业能力，而且，不少贫困地区的嘎查村根本也没有开设学前班的能力。还有一些孩子，即便可以被送进乡镇上所谓的"幼儿园"，但这些幼儿园普遍条件差、师资水平低，只能做到最简单的看护、照顾，还无法做到启蒙、早期智力开发。目前内蒙古有幼儿教师 5.2 万人，在园幼儿 60.75 万人，师生比为 1∶11.7，按照《幼儿园教职工配备标准》幼儿教师缺口达 1.55 万人，且大多数幼儿教师学历不高，本科以上学历的占比仅为 36.3%。2019 年春节期间李克强总理在内蒙古地区调研，听到回家过年的幼师大专生反映因考证加大就业难度，强调现在幼师缺乏，对受过正规专业训练的幼师毕业生，相关部门要研究减少不合理资格要求，为他们就业创造更好条件。

第三，聘任制教师多、工资待遇低，"五险一金"没有保障，社会认同度不高，导致许多年轻聘任教师频频跳槽，直接影响幼儿园的保教质量。

　　访谈对象：朱某某
　　访谈地点：科左中旗固日本花苏木
　　访谈时间：2018 年 2 月
　　我们这里农牧区学前教育起步还是比较晚的，办学条件起初特别艰苦，这些年才逐步好起来。首先，从办学条件方面。2012 年以前各苏木乡镇几乎没有规范的学校教育场所，有的只是学前班一种形式，能够勉强维持学龄前儿童的学前教育。其次，老百姓让孩子接受学前教育的愿望也不高。认为没有这个必要。到 2012 年校安工程投入使用以后，农村牧区学前教育的办学条件才有了很大的变化。适龄儿童入园率有了大幅度的提高。但是，在我们班上，也不知道教点啥更有利于孩子的成

① 辛福卿：《内蒙古学前教育发展对策研究》，《北方经济》2018 年第 7 期。

长。唱歌、弹琴啥的我们也不会。只是教孩子们认字和算数。上课的时候教少了家长不乐意。我们中心幼儿园只有正式教师 3 名（其中还包括一名转岗教师），其他所缺师资全部是雇用的临时人员。

同朱老师的交谈起码反映出以下几个问题，一是小学化倾向严重。一来是因为专业幼师数量很少，大多由小学老师充任，老师们不了解学前教育的特点。一些幼儿园教师保教观念差，保育水平低，教育方法不科学。个别民办园和农村牧区幼儿教师存在着领着孩子算算式、写汉字的"小学化"现象，挤占了儿童玩耍和兴趣活动时间，幼儿智力得不到良好开发，有悖于学前教育的基本原则。二是大多数老百姓认为幼儿教育阶段能学到小学阶段该学的知识才算有所收获，对幼儿教育认识度不够，觉得在学前教育阶段学得越多越好，形成了对幼儿教师的压力。三是师资力量严重匮乏，办学质量不高。朱老师所在的苏木学校，自 2012 年以来学前教育入园学生逐年增加，现已达到 5 个班近 140 名学生，按照两教一保的规定，至少应有 15 名教师，然而实际情况是这个苏木学前教育只有正式教师 3 名。在我们走访过的扎鲁特旗东萨拉嘎查小学情况也是如此。目前全校只有 9 名教师，其中一名是代课教师，其他 8 人都有编制。不仅如此，教师队伍严重年龄老化，57 岁以上的就有 3 名，还有一名教师患有严重疾病，已经半身不遂，脱岗在家养病。该校的师资力量完全胜任不了学前教育的教学要求，教师队伍的低质化严重影响了教学质量，甚至影响了学校的存续。这种情况在目前的内蒙古农牧区是比较普遍的现象，师资的短缺造成了农牧区学前教育发展不充分、不均衡，成为农牧区学前教育质量不高的主要原因。不仅如此，农牧区幼儿园经费除政府投入外，还靠收取学费来补充，这不仅增加了家长的负担，同时因生源少、收费低，也导致了幼儿园教职工待遇不高、人员不稳定。由于投入不足，设备设施陈旧、玩具教具短缺成为普遍现象，造成学前教育发展缓慢，办园条件难以改善。

第四，部分地区出现学前教育生源断流情况。目前，在内蒙古农牧区，学龄前儿童一部分在家里由家人看护或随打工的父母游走他乡。因为对留守儿童的看护任务大多是由年迈的祖父母、外祖父母承担的，受文化水平的限制，启蒙教育基本谈不上；即便是学前教育资源相对充足的地方，也依然存在着"入园难""入园贵""入园远"以及优质学前教育供给不足等方面的困难和问题。随着城镇化速度的加快和农牧区剩余劳动力的转移，越来越多的年轻人离开了世代生存的农牧区，带着孩子游离在城镇，结果是留在农牧区的学龄前儿童迅速减少，甚至在有的乡村学龄前儿童断流。加之部分农牧区学校学前教育的质量堪忧，也有一些家庭克服万般困难也要离开家乡，迁移到城镇生活。要发挥民族教育扶贫的作用，阻断贫困代际传播的路径，首先要面对的就是学龄前儿童的早期启蒙程度上的差异对后期自我发展能力的限制。对生源萎缩问题，扎鲁特旗巴彦塔拉苏木东萨拉嘎查小学校长包某某很无奈，他说这是一种短期无法扭转的态势，村子里条件好的家庭把孩子送到旗里上学了。还有就是随着年轻人外出打工的日益增多，好多家的孩子也跟着走了。他认为生源的萎缩可能会导致这个教学点被撤销。但是，如果孩子们从小就离开家到外地上学，即便是到了教学质量好的学校，由于家庭教育的缺失对孩子们成长极为不利，对孩子们的心理也是一种伤害。

综上所述，学前教育是当前内蒙古民族教育体系中最薄弱的环节，而且，这种薄弱的现状可能还会延续很长一段时间。因为在我国的人口生育政策调整后，二孩儿们将在未来 5 年内入园，这是对农牧区学前教育新增的刚性需求，必须要有足够的资源增量加以保障，也给学前教育带来了新的压力。

内蒙古自治区学前教育发展面临的困难除了上述几点之外，还存在公办园主体地位不强、城乡普惠性学前教育资源总量不足、运行保障机制建设相对滞后、幼儿教师数量短缺、保育教育质量参差不齐等问题。① 具体来讲，一是班均规模和师幼比远超国家和地方标准。二是基本设备与卫生状况很差，对幼儿健康不利。三是户外场地与设施设备、户外器械与自制玩具少。四是室内环境及设备材料不健全，游戏得不到保证。五是作息制度和课程"小学化"倾向严重。

《内蒙古自治区国民经济和社会发展第十三个五年规划纲要》提出："加快普及学前教育。坚持公办为主导，公办与民办并举、农村和城镇并重的原则，结合国家学前教育三年行动计划二期、农村学前教育推进工程，进一步扩大公办幼儿园和普惠性民办幼儿园资源覆盖面；建立健全公共财政投入和家庭合理分担的学前教育成本共担机制，制定学前教育生均公用经费标准。强化学前教育师资培养，建立公办幼儿园教师招聘管理办法，促进学前

---

① 《内蒙古自治区人民政府办公厅关于印发自治区第二期学前教育三年行动计划（2014—2016）的通知》，《内蒙古自治区人民政府公报》2015 年第 12 期。

教育规范发展。到 2020 年全区学前三年毛入学率达到 90% 左右。"① 分析这个规划，至少存在以下三个问题。一是提出的坚持原则存在不足。"坚持公办为主导，公办与民办并举、农村和城镇并重的原则"，没有突出农村优先的原则。二是经费扶贫不明确。"建立健全公共财政投入和家庭合理分担的学前教育成本共担机制，制定学前教育生均公用经费标准"，这本身没有错，但并没有具体体现扶贫的内容，没有明确对贫困户减免相关费用等。三是目标太笼统。"到 2020 年全区学前三年毛入学率达到 90% 左右"，没有对贫困县乡村学前三年毛入学率达到的目标进行明确而具体的规定。

二 贫困学生家庭教育缺失削弱教育扶贫效果

在内蒙古农牧区，青壮年劳动力的劳务输出是增加农牧民收入、脱贫致富的重要途径，对增加当地农牧民的收入，提高他们的生活水平，促进当地经济社会发展起到了重要的推动作用。但是也由此产生了一个庞大的社会群体——"留守儿童"，即父母双方或一方外出打工，孩子被遗留在自己的原居住地，由父母一方或者其他委托人代为监护、年龄在 6～16 岁之间的儿童，其中主要是指 6～12 岁的小学留守儿童。②

留守儿童成长过程中，家庭教育缺失是极为主要的不利因素，也是影响民族教育扶贫效果的重要因素。虽然说，有时候这种危害是间接的或者说是隐形的。对于学龄前儿童或者小学低年级学生的健康成长，家庭教育所起的作用是不可或缺的。家庭教育的缺失会产生一系列的负面效应，其后果会影响学校教育的效果，削弱教育扶贫的功效。

在内蒙古的农牧区特别是贫困农牧区，导致学生家庭教育缺失的原因是多方面的。一是因为村小大批量合并撤销，很多孩子从小学开始就要离家住校读书，一两个星期甚至更久才能回家一次。家庭教育的缺失很多情况下是家长的无奈之举。在科左中旗希伯花镇调研，笔者发现该镇的留守儿童现象特别严重。全镇共有 446 名儿童，其中留守儿童就有 248 人。其中很多孩子还来自贫困家庭。2018 年 3 月 10 日，在班主任老师引领下笔者走访了建档立卡贫困学生仲某某家。

---

① 《内蒙古自治区国民经济和社会发展第十三个五年规划纲要》，《内蒙古日报（汉）》2016 年 3 月 8 日。
② 周福林、段成容：《留守儿童综述》，《人口学刊》2006 年第 3 期。

仲某某，女，11 岁，科左中旗希伯花镇中心校三年级三班学生。这个小姑娘的家在离学校几十里地外的村子，家里没办法接送只能住在学校。小姑娘家一家三口，家里每年的收入仅靠 7 亩地，根本维持不了日常生活，而且母亲腿残疾，使本已十分拮据的家庭更加难以为继。为了她每年上学要交纳的相关费用，小姑娘的爸爸常年外出打工，留守儿童加上生活的贫困，使得这个小姑娘看起来比同龄的孩子要成熟，学习成绩也一直在班级很突出。

二是大量农村富余劳动力流向城市，因为教育条件的制约，很多孩子不可能随父母生活，成为留守儿童。

赵某某，男，11 岁，科左中旗希伯花镇中心校四年级二班学生，学习成绩优秀。家住希伯花镇六家子村，家中有常年生病的奶奶，父母离异后他随父亲生活，但父亲再婚后就外出打工，常年不在家，赵某某只能和奶奶相依为命。这户人家可以用家徒四壁来形容，孩子性格很内向且胆怯。

我们曾经访谈过一个在通辽市蒙古族小学借读的小姑娘。当时她和她奶奶居住在通辽市科尔沁区某小区一个分割出租的居民楼里。房租费用是每月 500 元，加上祖孙两人的吃喝等费用，一个月最少要 1000 元。小姑娘的爸爸妈妈在外地打工，因为在家里种地，日子过得很紧巴，很难满足孩子租房读书的需求。小姑娘的家现在可以说是"四分五裂"了。和小姑娘交谈，她说最大的愿望是和父母生活在一起，不喜欢住在现在的房子里。问她想不想爸爸妈妈，孩子开始流泪，说平时还好，但是在生病的时候就特别想爸爸妈妈。祖孙俩是和别人合租一套单元房，其他租户是附近饭店里打工的服务员，这帮年轻人每天下班的时间都很晚，回来以后还吵吵闹闹、洗洗涮涮，祖孙俩和她们合租房屋确实很辛苦。老人说没有别的办法，因为临近学校的房子条件都一般，但住远了自己又没有能力接送孩子上下学。

让年幼的孩子们处于家庭教育缺失的情况下，很多时候也是家长的无奈之举。很多外出务工或经商的家长说，他们也很想将孩子带在身边，但由于自身素质不高，从事的多是体力活或小生意，收入微薄，绝大多数是租房住，有的甚至是几家人合租房屋，居住环境较差。如果将孩子带在身边，由于自己务工或经商，也无法照顾孩子，上城镇的幼儿园或学校的费用也比较高，自己的收入无力承受，因此，只能将孩子长期留在老人身边。

三是留守儿童的父母常年在外奔波，生活艰苦，劳动强度高，空闲时间少,因而回家的频率极低,多数是半年或一年才回家一次,基本是一星期或一个月,甚至一个季度才与孩子通电话,联系的内容也仅限于生活方面或嘱咐好好学习,很少关心孩子的思想及心理健康。甚至有的父母常年在外不回家,对于孩子的成长缺乏足够的关注和指导,孩子对父母很陌生,成为某种意义上的"孤儿"或"单亲孩子",亲情关系出现障碍。在问到"什么时候最想念父母"时,留守儿童大都选择"生病或过生日的时候";在问到"最想对父母说的一句话"时,所有的孩子都选择"想和你们生活在一起""常回家看看""快点回家"。长期的亲情缺失使得父母无法了解子女的心理变化,对孩子往往是精神损失经济补偿,而子女由于缺少父母的关心,有的甚至对家长有抱怨情绪,形成亲情关系障碍。

家庭教育缺失带来的负面效应,首先表现在留守儿童要面对孤独,在没有温暖没有亲情呵护的环境中成长,容易造成内向、孤僻、忧郁,亲情观念比较淡薄,以自我为中心,难得关心他人的情况。多数留守儿童不愿意让他人了解自己的内心世界,不愿意将自己的想法告诉他人,害怕遭到别人轻视和歧视。只有大约10%的留守儿童会把心里话对父母以外的监护人说,另有10%左右的留守儿童会把心事藏在心里,谁也不告诉。有的甚至逃学、早恋、打架乃至离家出走。其次是亲情观念缺失,留守儿童长期与父母分离,没有时间感受父母的关爱和与父母进行沟通交流,与父母之间的亲情观念淡漠。调查中还发现,多数留守儿童在校期间学习精力不易集中,学习自觉性不强、行为习惯差,学习成绩普遍偏差。学习习惯和成绩较好的约占20%,中、差各占约40%。课余时间和节假日,多数留守儿童在家看电视和玩耍,甚至有15%左右的儿童迷上打电子游戏。据希伯花镇中心校教师介绍,留守儿童卫生习惯不好,衣服经常很脏,不爱洗澡洗头。只有半数留守儿童能自己做饭洗衣服,做简单家务。家庭教育的缺失直观上与教育扶贫功效没有太大的关系,但潜在的消极作用会在接受教育、培养自我发展能力的过程中发生作用,甚至影响孩子的身心健康。

三 基层学校教师收入低、学生食宿条件有待改善

改革开放40年来,内蒙古自治区先后实施了"一无两有"、贫困地区义务教育、中小学校安、标准化建设、"全面改薄"等系列重点工程,投资建设了一批新学校和教育园区。2017年,小学生均校舍面积9.7平方米,是1980年的3倍;普通中学生均校舍面积18.6平方米,是1980年的

5.2 倍。① 但是，在内蒙古的农牧区，特别是贫困地区的农牧区，教育过程中的教育资源不均衡还是比较常见的。表现为农牧区学校特别是贫困地区的学校在教育经费、师资力量、教学设施等投入的不足，影响了民族教育的质量，也影响了民族教育扶贫的功效。2014 年，内蒙古政协教科文卫体委员会组织部分委员，历时 2 个多月，实地走访了 16 个旗县（区）、近 40 所农村牧区寄宿制中小学校，形成调研成果，2014 年 10 月 17 日，内蒙古自治区政协就农村牧区中小学布局调整带来的问题，与自治区有关部门进行面对面专题协商，认为农村牧区中小学布局调整带来的问题主要有：小学生上学路程增加，存在安全隐患；低年级学生寄宿对身心健康产生不利影响，给学校带来一定负担；编制不合理、师资结构性短缺，且优秀教师流失严重等。② 教师老龄化严重、教师断层等突出问题影响中小学教育教学活动的有效开展。在内蒙古赤峰市巴林右旗调研中发现，全旗民族学校教师 45 岁以上的有 508 名，占全旗学校教师总数的 45%。却因编制的限制，教师不能得到及时补充。民族中小学急需引进年轻教师和各类专业教师，教师队伍亟待补充 "新鲜血液"，教师学科结构、年龄结构需要合理配置。

教师队伍出现的问题，最主要的在于教师收入水平的低下。而导致教师收入水平低下的原因则在于以下几方面。

1. 隐形支出影响教师生活质量

内蒙古本身就是欠发达地区，受经济水平的制约，对农牧区教育的投入存在着很大缺口。不要说与城市相比，即便是与内地发达地区的乡镇比，差距也很大。农牧业旗县普遍滞后的经济发展水平不可能不制约教育投入，无法解决教育经费投入短缺的问题。乡村教师工作环境、收入待遇、生活条件、社会地位等处于弱势。在我们走访的扎鲁特旗巴彦塔拉苏木东萨拉嘎查几年来已经没有新老师加入，之前来的也有调走的。8 位在编教师中，4 名教师小学高级职称、4 名教师小学初级职称。工资虽然说和城镇教师比略高，但是，生活成本的提高已经充抵了高出的部分。该校有 4 个老师们的家在旗所在地鲁北，每周只能回去一次，往返 100 公里。平时就吃住在村子里的亲戚家。代课教师是本村人，但每个月只有 800 元钱的工资。学校目前最

①　《自治区人民政府召开庆祝改革开放 40 周年教育事业发展新闻发布会》，http：//www.nmg.gov.cn/art/2018/12/14/art_1972_243912.html。

②　及庆玲、何春英：《解决农村牧区中小学布局调整带来的问题要科学规划因地制宜》，《内蒙古日报（汉）》2014 年 10 月 19 日。

缺的是音、体、美课教师，现在这些课是勉强开设的，没有专业教师。学校里有电脑但没有教师可以用现代化教学手段教学。现在有个教外语的老师，但这位教师是交换来的，很快就会回到原来学校了，一旦这位老师回去了，外语课也就上不了了。

> 访谈对象：傲某某
> 访谈方式：微信访谈
> 访谈时间：2018 年 4 月 29 日
> 我在科尔沁左翼中旗架玛吐镇团结小学任教 20 年了，现在是这个学校的校长，这几天我心里很纠结，为自己的村小，也为自己的乡村教师伙伴。现在，社会上甚至包括教育主管部门，忽略乡村教师的现象时有发生，这种不公平是一种客观存在。自身的价值不能为社会上更多的人所承认，这也是很多乡村教师的观点，也是我的观点。比如，在很多时候，我们村级教师不受关注，一说在村小工作，好多人对我们就有不同程度的轻视。社会各阶层包括教育主管部门对农村教师给予的关注度不够，导致了教师自身的价值感不高。

虽然保康镇第一中学是科左中旗重点中学，但在教师中也同样存在着认为社会对教育的重视程度不够的看法。

2. 学生伙食和营养餐质量有待提高

2011 年，我国在集中连片特殊困难地区启动了农村义务教育学生营养改善计划试点，自 2014 年起，中央财政对 699 个国家试点县的学生营养膳食补助标准，从每人每天 3 元提高到 4 元，寄宿学生每天达到 9 元。2016 年底，教育部分别与河北、山西、内蒙古、吉林、黑龙江、安徽、江西、河南、湖南、海南 10 个省份签署了有关协议，标志着营养改善计划试点工作由重点突破进入了全面覆盖的新阶段。作为脱贫攻坚的重要举措，从 2017 年秋季学期开始，农村义务教育学生营养改善计划覆盖全部国家扶贫开发重点县，惠及更多贫困家庭的学生。营养改善计划使试点地区农村学生上学饿肚子、吃凉饭的现象基本消除，身体素质得到明显提升。比如，在内蒙古的呼伦贝尔市鄂伦春自治旗，为了推进营养改善计划，确保孩子健康成长，政府制定了《鄂伦春自治旗农村义务教育学生营养改善计划实施方案》，成立了鄂伦春自治旗营养改善计划领导小组。按照内蒙古自治区统一要求，开展学生营养餐改善计划工作，全旗义务教育农村学校 25 所，符合供餐条件人数 11506 人。

美国斯坦福大学教授罗斯高认为，贫困受教育者人数到高中以后锐减的原因如下。第一，营养不足，影响智力发展，贫困农村儿童的食物仍以米饭、面条、馒头为主，肉类、水果和新鲜蔬菜摄取量严重不足。第二，农村的学生大都存在健康问题。在农村有 27% 的孩子贫血，体质虚弱，认知能力下降，学习的时候无法集中注意力，有 25% 的孩子近视却没有眼镜，上课看不清黑板，不知道老师在讲什么。还有 33% 的孩子肚子里有蛔虫，影响身体发育。

罗斯高教授讲的问题，虽然在历史上曾经表现很突出，目前在中国的一些贫困农村也存在，但随着扶贫工作、脱贫工作的深入已经很少见了。

2018 年 4 月，笔者对通辽市科左中旗架玛吐镇团结小学学生进行的体检调研发现：第一，营养不良现象并不普遍，仅有极个别同学身高体重等指标明显低于同龄人；第二，体质弱没有明显表现。对此，我们还咨询了通辽市科尔沁左翼中旗花图古拉苏木北乌嘎查的妇女主任。据她介绍，现在农牧区的妇女有优生优育的意识，但很多人还不知道怎么做，也有计生、妇女保健等相关部门的人员做宣传、搞科普，但还很不普及，也没形成常态。农村牧区妇女怀孕的时候也不会太多注意胎教之类的事情，孩子缺乏足够文化刺激和与父母的互动，与在城市里长大，自小和家长玩乐互动的婴幼儿，两者之间确实存在一定差距。

我们在 2018 年初的调研中发现了学生餐饮上存在的问题，主要表现在学校的伙食和营养餐管理上。

科尔沁左翼中旗架玛吐镇团结小学有小学部和幼儿部，共 180 名学生，没有食堂，学生都是走读生，不住校。孩子们早上有营养餐，包括面包、牛奶、香肠、苹果等，每份大概 4 元。但是因为营养餐花样单一，很多学生已经吃腻了面包，有随意处置的现象，有的干脆就不领了。剩余的面包，有的教师见扔了可惜，就给附近村民，村民做成烤面包自己吃或招待客人。还有的学生直接就把牛奶倒掉了。而发放的香肠，久吃生厌，也不受学生欢迎。

希伯花镇共有 8 所小学，其中有完小 4 所，4 个教学点，另有 3 所幼儿园。希伯花镇中心学校是一所蒙汉合校寄宿制完全小学，学生们的住宿费由国家补助，蒙古族学生每生每年 1300 元，汉族学生每生每年 1000 元。学生家庭自己承担每月 280 元的伙食费，家庭困难的学生还可以得到补助。此外，对建档立卡贫困学生还有困难补助，就学补助每年有 1800 元，民族教育补助有 400 元。学校设有专门的学生食堂，为学生提供三餐，荤素搭配，基本做到了营养均衡。而国家发放的 4 元钱营养餐补贴，则用来购买牛奶、面包、火腿肠、水果等，用作间餐，基本都用于学生。不过，各学校虽然都有食堂职工，但他们的工资和煤电等开支，却是从学生每月 280 元钱的伙食费中支出。加上多年前学校食堂是承包出去的，学校以此来创收项目，缓解资金压力。近几年，国家和自治区相关部门严格要求学校自办食堂且保证零利润，所以，各校纷纷把承包出去的食堂收回自办。希伯花镇中心学校收回食堂，返回承包费用的资金就达 200 万元，而该费用也要想法从学生伙食费中分批支出。结果，每月至少有 1/3 的学生伙食费用在学生伙食之外的开支上。同时，一些学生存在食物浪费现象，该校就餐人数 380 人，每顿投入米面 100 斤、蔬菜 120 斤、肉类 30 斤和汤水 20 斤，而每生每餐人均剩饭剩菜量有 30 克。一方面，"不爱吃""不好吃"是主要原因；另一方面，食育教育（不仅是饮食教育，更是以食养德的教育）还处于起步阶段。无独有偶，前一段时间有电视节目报道，南方一些省份的扶贫营养餐牛奶被倒进污水坑。一则可能是口味不合适，但另一方面也看得出我国的食育教育在很多地方甚至是贫困地区还没有起步，学生们还没有接受过食育教育，所以在日常生活中导致了很多失范现象的出现。学生营养改善计划是民生工程、民心工程，必须要下大力气管好。

3. 对贫困学生的资助力度亟待加大

随着全区乡村人口不断流向城镇，乡村教育的萎缩加剧，"麻雀学校"（10 名学生及以下的村办小学）将会越来越少。而撤并学校，路途变远，且只能住宿，无疑会加重贫困户的经济负担。"集中办学"和"寄宿"形式，增加了教育成本和学生家庭的经济负担，而寄宿生补助标准过低，不能满足学生的寄宿生活费。

在我们走访的学生家庭，教育支出已经占到了农牧民家庭总收入的 30% 以上，成为困扰低收入家庭的普遍问题。虽然国家实行"两免一补"的政策，但无论是从补助金额还是从补助范围来讲都有很大的局限。对于学生家庭来讲，得到的补助与寄宿、集中办学所产生的费用相比存在着很大的缺口，缓解农牧民家庭教育压力有限。特别是对异地求学的学生，享受到这一政策的难度更大。经济压力过大导致一些学生完成学业压力增大，受教育程度只能维持在较低水平。[①]

2018年3月，笔者在科左后旗海里图苏木海里图嘎查（深度贫困嘎查）调研发现，村小撤并后，新学校离村有40多里，每5天休息一次，就得找车把孩子接回来，休息两天再送回去。几个学生一起包车，每个学生往返一次20元，一个月80元，加上生活费、零用，每个学生一个月一般花费500元。奈曼旗八仙筒蒙古族学校学生往返交通安全没有得到保障，有超载运营和采用电动车、农用车接送学生情况，存在安全隐患。

在对贫困家庭的跟踪调查中我们发现，随着扶贫工作的深入，在各方协调努力下，贫困家庭子女接受教育的支出得到很大缓解。但是，在个别家庭，由子女上学产生的费用还是一笔不小的支出，靠自家的力量难以支撑。

访谈对象：王某某

访谈地点：科左中旗保康镇巨宝屯村

访谈时间：2018年4月20日

我家里3口人，儿子10岁，在镇上胜利小学读书。我家是典型的因残致贫。我的腿有残疾（一级残疾），年轻时干活受伤没有及时治疗，就落下病根，根本干不了重活。门外停的那个破电瓶车就是我的腿和脚。我媳妇的腿也有毛病（35岁，二级残疾），她是小时候扭秧歌时把腿摔坏了，当时，她家里孩子多，也没人太在意，以为过一段时间自己也就好了，但没想到落下残疾。

我家孩子原来在保康第一小学读书，学校离家有10里地。每天我都用电瓶车接送孩子。后来，孩子和班主任的关系变得很紧张。孩子的二姨帮忙给孩子转了新学校，孩子午饭在学校吃，一个月180元的伙食费。这笔费用对于像我家这样的基本没啥收入来源的家庭来讲，自己很难负担。目前的解决方式是由通辽职业学院的一个教师党支部每个月资助的200元来支撑，但我觉着这总不是一个长远之计。现在这个学校派出了驻村书记，所以，我家还能和这个学校联系上，如果驻村书记撤了以后怎么办呢？现在上下午还有国家提供的免费营养餐，孩子的吃饭问题不需要我们操心了。

---

① 张艾力：《多维文化视角下蒙古族聚居区贫困问题探析——以内蒙古自治区通辽市为例》，《内蒙古社会科学（汉文版）》2012年第1期。

从王某某的言语中可以发现，首先，有些教师在师德方面是存在问题的，而且已经对孩子幼小的心灵造成了伤害，这种伤害可能要在以后的若干年中存续，需要以后接触他的老师和就读的学校在教育过程中花费很大的气力加以消弭。即便在这个问题上孩子存在误解，教师的开导、沟通也没有跟上，存在思想教育工作上的盲区。对孩子的供养，目前来看他家没有太大的苦难，多方面的协同扶贫，让这个家庭阻断了贫困的代际传递路径。但是，王某对孩子上学的费用还有所担心，担心资助的连续性。

四 职业教育和农牧民培训力度不足

职业教育是实现精准脱贫、提升人生价值、摆脱代际贫困的有效方式。贫困家庭学子通过职业教育，可以学到一技之长，增强致富本领，实现一人高质量就业带动全家脱贫。在脱贫攻坚阶段，发展职业教育成为极为迫切的民生需求。大力发展职业教育，培养各层次的实用型、技能型人才，不仅是提高全区广大劳动者素质的重要途径，也是加快实施教育扶贫的重要环节。[1]

随着内蒙古民族教育不断发展，职业教育也得到长足的进步，改革开放40年来，全区职业教育累计为自治区培养了200余万名高素质劳动者和专业技能人才。顺应城镇化发展的要求，加强农牧民职业技能培训，累计培训1340.7万人次，一大批劳动者掌握了一技之长。"十二五"期间，内蒙古中高等职业学校为自治区经济社会发展输送74万名高素质劳动者和技术技能人才。[2] 2016年2月，全区有高职院校36所，中等职业学校250所。如锡林郭勒盟多伦县职业教育中心于2013年10月迁入斥资1.6亿元的多伦县职业教育中心新校区，投资1600万元引进先进实训设备，办学条件达到国家级重点职业学校标准，并于2014年7月正式挂牌锡林郭勒职业学院多伦分院。近几年，多伦县职业教育中心升学率、就业率保持在95%以上，职高对口升学成绩稳居全盟首位。[3] 鄂伦春旗为就读职业高中的学生建档立卡和为低保家庭贫困学生开辟绿色通道，在同等录取条件下，享受优先选择旗民

---

① 王嘉毅、封清、云张金：《教育与精准扶贫精准脱贫》，《教育研究》2016年第7期。

② 章奎：《高职院校单独招生计划6成面向贫困旗县》，《内蒙古日报（汉）》2016年3月23日。

③ 王久玲、姜晓莹、韩宾臣：《古城多伦绽放幸福新姿——写在锡林郭勒盟精神文明建设经验交流会召开之际》，《内蒙古日报（汉）》2015年8月22日。

族职业高中机电、旅游、计算机、护理、学前教育和高铁 6 个专业的权利；旗民族职业高中与呼伦贝尔职业学院、扎兰屯职业学院已达成一致，贫困学生没有升学需求的优先安排进行实习，优先推荐就业；2017 年，呼伦贝尔市职业学院高铁专业订单定向培养已在鄂伦春旗民族职业高中建立专业，并优先录取贫困学生，使贫困家庭子女学得一技之长，为实现就业脱贫打下坚实基础。

目前，关于发展职业教育的专门政策主要有两个：自治区人民政府批转《自治区教委〈关于大力发展职业教育意见〉的通知》（1998 年）、《关于加快发展现代职业教育的意见》（2015 年）。相关政策涉及职业教育的比较多，如《内蒙古自治区农村牧区扶贫开发条例》（2012 年）、《内蒙古自治区国民经济和社会发展第十三个五年规划纲要》（2016 年）等。基本内容包括：实施贫困地区、牧区和民族职业教育建设工程。在贫困人口集中地区，根据特色产业发展需要建好一批中等职业学校。加快集中连片特困地区职业教育发展。在争取国家帮助支持的基础上，自治区各有关部门要加大对贫困地区职业教育的支持力度。着力发展贫困地区、牧区职业学校和少数民族语言的远程职业教育，加强"农科教结合"和"三教统筹"等政策。

目前，内蒙古地区职业教育存在的最主要的问题就是不接地气。职业教育包括中等职业教育和高等职业教育两个部分。广义上的中国产业工人，包括两个层面，一是数量庞大的农民工，二是中职学校、高职院校毕业的学生。前者是由农入工，后者是由学入工。《2015 中国高等职业教育质量年度报告》通过对高职毕业生的跟踪调查，发现有 91% 的 2014 届高职毕业生为家庭第一代大学生，且近 4 年来呈总体上升趋势。2014 届中有 52% 的高职毕业生家庭背景是"农民与农民工"，且近 4 年来呈现总体上升趋势。[①] 虽然在教育扶贫的政策工具箱里，职业教育是见效快的"利器"，已成为教育扶贫的重要组成部分，但职业教育"上热下不热""官热民不热""校热企不热"等问题的长期存在，严重束缚着全区职教发展的脚步，制约着职业教育的效果。

著名教育思想家黄炎培对职业教育的作用有过深刻的评价："将使受教育者各得一技之长，以从事于社会生产事业，藉获适当之生活；同时更注意

---

① 马慧娟：《91% 的 2014 届高职毕业生为家庭第一代大学生》，《中国青年报》2015 年 8 月 10 日。

于共同之大目标，即养成青年自求知识之能力、巩固之意志、优美之感情，不唯以之应用于职业，且能进而协助社会、国家，为其健全优良之分子也。"① 职业教育精准扶贫，立足科技、完善培训、人文关怀，扶贫就不再是冷冰冰的数字，而是"授之以渔"的过程，是心理状态的转变和价值观念的更替。在国家政策框架下，特别是按照 2018 年 5 月 3 日国务院下发的《关于推行终身职业技能培训制度的意见》精神，高度重视"终身职教扶贫"，在全区尤其是贫困地区开展终身职业技能培训，灵活多样地开展职业教育扶贫活动，面向市场，面向农村生源的多样化需求，提高职业教育的吸引力、竞争力。

2015 年 8 月，中国青年报社会调查中心通过"益派咨询"对 1244 人进行的一项调查显示，84.2% 的受访者认为有"一技之长"值得自豪，66.3% 的受访者认为有"一技之长"可以保证一个人有养家糊口的工作，61.5% 的受访者认为有"一技之长"可以促进行业创业、创新，55.3% 的受访者认为有"一技之长"可以提升生活品质，55.3% 的受访者认为有"一技之长"可以让自己在工作竞争中脱颖而出，50.7% 的受访者表示有"一技之长"是个人价值的体现，30.0% 的受访者认为有"一技之长"有助于提高个人社会地位。在回答"如何改变高技能人才缺失的局面"的问题时，59.8% 的受访者表示应注重对传统技艺的传承，38.4% 的受访者认为需提高职业技能教育的水平。②

贫困地区广大青壮年劳动力没有得到有效开发，贫困群众没有掌握过硬的致富本领，是脱贫致富的最大瓶颈。职业教育在农民群众实用技术技能培训方面有着得天独厚的资源优势。职业教育必须紧紧围绕帮助贫困家庭靠技术技能脱贫的目标。

吴国荣是扎赉特旗胡尔勒镇沙巴尔吐嘎查建档立卡贫困家庭的孩子，目前是兴安职业技术学院莱德马术学院的大二学生。由于父母亲靠着种植 15 亩地支撑家庭，连年受灾导致收入不固定，吴国荣本想高中毕业后外出打工贴补家用。后来在镇政府的统一扶持下，品学兼优的吴国荣考入莱德马术学院学习马术。"这是我自己选的专业，这个新兴专业市场需求量大，我相信

---

① 中华职业教育社编《黄炎培教育文选》，上海教育出版社，1985，第 101 页。

② 王琛莹、马越：《84.2% 受访者认为有一技之长值得自豪》，《中国青年报》2015 年 8 月 13 日。

通过自己的努力肯定能考上马术专业国家二级资格证，我希望毕业后能加入莱德马业公司，以后做一些与马产业相关的工作，肯定比我外出打工要强很多。"

就"职业""教育"的本质看，职业是变化的，教育是永恒的，职业教育是变化与永恒的统一；职业具有工具性，教育具有文化性，职业教育是工具与文化的统一；职业是现实的，教育是理想的，职业教育是现实与理想的统一。"三个统一"才是职业教育"跨界性"的本质特征。职业教育的培养目标必须是德才兼备的，不同的只是"技术技能型"。为此，就必须实行发展个性、触及灵魂的职业教育。① 同时，应更好地加强"一技之长"的培养。发达地区的职业院校有形也有神，贫困地区的职业院校是形似但神不似。要解决形神兼备的问题，在专业、教材、队伍等领域的建设都做好不现实，但做好一两个方面是完全可以的。首先，就业上展示短平快的优势。全区贫困县职业教育除继续保持学生喜欢、市场急需的专业外，还应该尽快把中等职业教育的相关专业与 2015 年新修订的《普通高等学校高等职业教育（专科）专业目录（2015 年）》进行无缝对接，发挥职业教育作为大众创业、万众创新重要基地的功能，大力设置为贫困县经济社会发展的专业。同时，实行分段培养模式，完全打通中职毕业生上升通道。如中职毕业生可以通过中高职"3+2"、中职本科"3+4"模式，进入高职和本科院校学习，培养"经济适用型"人才。按照教育部于 2018 年 4 月 20 日发布的《中等职业学校职业指导工作规定》，彻底落实"职业指导是职业教育的重要内容，是职业学校的基础性工作"的精神，全区每所中等职业学校在核定的编制内至少配备 1 名具有一定专业水准的专兼职教师从事职业指导，鼓励选聘行业、企业优秀人员及合作社负责人担任兼职职业指导教师，通过大力开展学业辅导、开展职业指导教育、提供就业服务、开展职业生涯咨询、开展创新创业教育等工作，进一步加强中等职业学校职业指导工作。其次，创业上显示不凡。多措并举培养未来的创业者，如加强指导教师培养、加强创业教育培训等，帮助学生学习创新创业知识，了解创新创业的途径和方法，树立创新创业意识，提高创新创业能力。同时，加强学生实践活动体验，加强创业政策扶持，尽最大努力早日培养更多的创业者。

---

① 曹勇安：《回到原点再认识职业教育——对职业教育若干问题的哲学思考》，《中国教育报》2015 年 8 月 10 日。

五 影响高校扶贫效果的因素难以消除

在我国的在校大学生当中，有这样一个群体，虽然说陷于贫困囹圄的原因不同，但现状却是一样的，就是经济上的压力和生活上的困顿以及由此产生的其他窘困。贫困不是贫困学生自身的过错，但他们却因家中的经济负担失去了本应属于他们这个年龄应有的快乐和梦想，承受了不该承担的生活压力、精神压力和社会压力。

来自贫困家庭的大学生是高校帮扶的主要对象。为了加大对贫困大学生的帮扶力度，2015 年，《国务院关于加快发展民族教育的决定》出台，对高校贫困学生资助成为重点，而且还特别强调要向少数民族学生和民族地区家庭经济困难学生倾斜。

2017 年下半年到 2018 年上半年，本课题组对内蒙古师范大学、内蒙古民族大学、通辽职业学院、呼伦贝尔大学等高校进行了调研，访谈了上百名贫困大学生，对这一群体的贫困形成原因及救助模式进行了初步了解。

家庭成员病、残导致供养能力减弱。依据自治区扶贫办的统计，因病、因残是贫困人口致贫的最主要的原因。目前，全区因病致贫户有 91352 户，占全部贫困户的 53.64%。因残致贫户数达到 17013 户，占比 9.99%。国际上有一个通用概念叫"家庭灾难性医疗支出"，即家庭总收入减去家庭必需食品等生活支出作为分母，分子是这个家庭一个年度内累计的医疗支出，其比值如果大于或等于 40% 之时，就意味着该家庭发生了灾难性医疗支出。[①]相当多的因病、因残致贫家庭医疗支出巨大，严重影响生产、生活，甚至外债累累，将家庭拖入贫困。在我们调研的贫困大学生群体中，其家庭贫困的最主要的原因就是因为家里有人患病甚至致残。

访谈对象：李某

访谈地点：呼伦贝尔大学

访谈时间：2018 年 4 月 15 日

我今年 23 岁，家住在呼伦贝尔市阿荣旗得力其尔鄂温克族乡东兴堡村，家里 3 口人，妈妈和 21 岁的弟弟。

我的父亲是在 50 岁时得脑血栓去世的，因为农村合作医疗规定住

---

① 金振娅、袁于飞：《"因病致贫、因病返贫"有望根治》，《光明日报》2015 年 7 月 28 日。

院才能报销，所以，父亲有很大一笔医疗开销是自费的，加起来得有好几万元。家里有50亩地，以前靠种地养羊维生。前几年，家里房子着火，加上父亲得病，只好把家里的地抵押给了邻居，邻居给了两万元。当时讲好只要不把两万元还给他们，他们就一直种我家的地。

我考上大学以后，因为要承担我的学费和开支，家里的经济压力一直很大。弟弟身体也不好，因为压力太大得了轻度的抑郁症，毕竟父亲生病、家里着火后连个住的地方都没有，后来只好辍学在家。

现在最希望的是把抵押的地收回来。这样，可以种地、养羊，家里的日子就能逐渐好起来。妈妈后来又结了婚，叔叔（继父）23岁时出过车祸，身体恢复得不好，只能放羊干不了重活。政府考虑我家实在困难，给了低保户待遇，每年有2000多元。精准扶贫开始以后，政府送过面、油之类的东西。还有一个阳光雨露计划，给我资助了5000元。现在，家里还有几万元的欠债。

父亲去世时只有50岁，正值壮年就得脑血栓，而且在去世前瘫痪了3年多。回头看，我感觉父亲的这种病应该是有家族遗传的因素，因为祖父也是因为脑血栓去世的，大伯现在也得了脑血栓，走路都很费劲。他们都有高血压、糖尿病，都喜欢喝酒，而且都喝了30多年，几乎每天都喝，不过他们倒是不吸烟。

访谈对象：胡某某
访谈地址：内蒙古民族大学
访谈时间：2018年4月1日

我家住在内蒙古通辽市奈曼旗大庆塔拉镇奈林塔拉嘎查，家里有3口人，父母亲和我。我的父母亲都是地道的农民，靠种地维持家里的生活。家里现在有30亩地，但都是沙化了的土地，由于这几年连续干旱，加上风沙大，已经连续好几年收成不好了。如果光是收成不好还好说，更可怕是爸爸妈妈的身体相继出了问题。2012年，我爸妈先后得了病住院治疗，花费听他们说有5万元到6万元吧，从那时候起家里的生活就陷入了困境。2018年，父亲心脏病加重又住了将近20天的医院，这次倒是没花那么多钱，但是现在还在继续服药。每个月的药费也不少。

我上大学以后，得到过一次国家二级困难补助3000元。我现在最大的愿望是希望父母亲都健健康康的，希望农民卖的粮食之类的产品能涨点价，更希望我们买的农业产品不要那么贵。对于扶贫的看法，我觉得扶贫虽然不能解决贫困人口的所有问题，但是毕竟还是有一定的缓冲和帮助的，扶贫不仅是对贫困人口在经济上的帮助，精神上的帮助更重要。

　　访谈对象：梁某
　　访谈地址：通辽职业学院
　　访谈时间：2018 年 4 月 25 日
　　我是通辽职业学院 2016 级护理系学生，今年 21 岁，来自内蒙古兴安盟阿尔山市伊尔施镇。我的家中有 3 口人，父亲、母亲和我。我家以前是搞养殖的，生活还算殷实。但去年我的父亲被查出了双肾结石，病得非常严重，虽然去了很多大城市，比如长春、北京都去了，在北京就住了一个月，但是，病情还是没有好转，现在只能靠透析了。现在，我父亲每个月都要到乌兰浩特去做 3 次透析，因为透析用的药，我家这边没有。每个月都要花费 2000 块钱左右的医药费。母亲为照顾父亲，也不能出去找工作，只能守在家中。我们家的房子也处在纠纷中。因为这个房子建在了飞机场旁边，有关部门说这样影响市容市貌。这房子是我们买的，但还没有正式过户，听说被占了，卖主反悔要收回房子，已经打了 3 年官司，现在这个房子已经被强推了。但到现在，房子的补偿款还没有给我们。不过管事的人说了，先给我们个地方住着，等到这官司打完后，钱该给谁给谁，等着再处理。能来上大学，我心里有喜悦，也有难过。我担心自己不在身边，看不到父亲，也担心为家中带来负担。但是家里人都说，一定要坚持把书读下去，这样以后的生活才能更好一些。我在学校学的是护理专业，就希望在父亲有生之年，可以尽自己最大的努力照顾他。

为了更好地了解梁某家的贫困状况，我们电话访谈了梁某的父亲。

　　访谈对象：梁某某
　　访谈方式：电话访谈
　　访谈时间：2018 年 4 月 25 日
　　我家住内蒙古兴安盟阿尔山市伊尔施镇。我的家中有 3 口人，我们夫妻俩还有女儿。我家以前是养马的，家里经济条件也不错，但是，后来我得了病，啥也干不了了，马就都卖了。现在我家是村子里的建档立卡贫困户。

我现在每个月要透析 3 次，每次都得去乌兰浩特把透析的药买回来，我们这个地方小，医院没有这药。光运费就得 500 多块钱，现在除了报销的，我自己每个月得承担 2000 多块钱。

我家里的房子纠纷解决了，我得了 40 多万元的赔偿金，想着用这笔钱还点看病欠的账，赔偿金额和我的预期还有一些距离，但是现在也只能这样了。现在家里最大的困难还是我的病啊，这病得的真是让人感觉到没有一点希望。

生态环境恶劣导致家庭收入减少。内蒙古农牧区贫困问题表现比较突出的地方大都是自然环境相对恶劣的地区。生态约束了生产，使得一些家庭的年收入基本处于入不敷出的状态，来自这种家庭的生源要想完成学业就必须依靠救助。

访谈对象：郭某某

访谈地址：通辽职业学院

访谈时间：2017 年 4 月 1 日

我是通辽市职业学院师范教育专业 2 年级学生，今年 20 岁，来自内蒙古乌兰察布市商都县十八倾镇三洼村。

我家有 6 口人，爷爷、奶奶、爸爸、妈妈、弟弟和我。爸爸、妈妈靠种地养家，供我和弟弟上学。我的家乡是山区，土地少且贫瘠，而且还得靠天吃饭，农作物产量很低，每年的收入也就有 10000 块钱左右。特别是去年夏天，商都遭受特大旱情，我家的农作物减产在 70% 以上，这对我家来说更是雪上加霜。

爷爷、奶奶和我们生活在一起，他们都已经快 80 岁了，身体都不好。这些年来，父母为了我的学费和生活费，为了爷爷、奶奶的医疗费，已经欠下了数万元借款。虽然我和弟弟一直特别节俭，希望可以为父母减轻压力，但毕竟还在读书，能力实在有限。我读的是师范教育专业，希望能快点毕业，找到一份喜欢的教师工作，能早点照顾家里。

2018 年 4 月 25 日，笔者电话访谈了郭同学的父亲，了解到他家去年农田遭了旱灾，收成很不好，勉强算没亏本。今年还可能会是干旱，因为去年冬天开始就没怎么降雪，开了春降雨也很少。

> 访谈对象：郭某
>
> 访谈形式：电话访谈
>
> 访谈时间：2018 年 4 月 25 日
>
> 我家里有 7 亩多地。去年家里遭了旱灾，收成很不好，勉强算是没亏本吧。我家人口多，算上我父母全家 6 口人。我父母亲的户口是单独的，但是因为母亲有残疾，他们两个单独生活难度很大，所以我们就一直在一起过。我父母家是低保户，我家不是。今年还可能会是干旱，因为去年冬天开始就没有怎么降雪，开了春降雨也很少。我家的儿子读书是在县里住宿，一个月回来一次，生活费和路费都是不小的花费。我姑娘的成绩还是不错的，但考虑到家里的经济情况，她高中上的就是职高，一是因为学费少，二是还会有补助。

商都县在内蒙古西部的乌兰察布市，这个市是内蒙古西部贫困程度最深的地方。国家级贫困县、深度贫困县比例很大。商都县就位列其中。贫困主要是因为自然环境的制约，一是山区广，土地少且贫瘠；二是自然灾害频发，特别是连年遭受特大旱情。直接导致了郭同学家庭的收入严重受限。供学生和养老，是郭家致贫的主要原因。

通过对内蒙古农牧区贫困大学生的访谈，笔者发现很多来自内蒙古地区农牧民家庭的学生都面临着一样的困难：土地沙化严重，农田质量低下，加之连年干旱，又缺乏农田浇灌条件，农民基本是靠天吃饭。内蒙古东部地区自然环境的恶劣，是导致各级各类学校贫困生源产生的主要原因。

生产要素缺乏导致自我发展能力缺陷。分析贫困大学生家庭贫困的原因，很大程度上是因为缺乏生产要素，发展无力、发展困难。缺乏劳动力的原因是多方面的。因病、因残致贫的家庭必然会出现劳动力缺乏。但是，即便是身体健康、健全，在发展能力上也会表现出很大的差异。导致贫困户缺乏生产资金的原因是多方面的。除了自我发展能力的低下、掌握先进生产技术的低能进而导致生产资金缺乏之外，因病、因残也是其中很重要的原因。在我们访谈科左中旗深度贫困人口白某某时听她说过这样的情况。2017 年，金融扶贫有这样的政策。银行可以给贫困户5万元贷款发展生产，但因为她家有病人，没人肯做担保，这笔钱也就拿不到。而且因为被债主起诉，金牛卡被封了，所有的补贴包括扶贫补助都到不了她手，直接就拿去给债主还债了，生产的钱一点没着落了。

还有很大一部分是因为供孩子读书产生的费用使得家庭入不敷出、不堪重负，也就是通常讲的因学致贫。目前，内蒙古全区此类贫困户总户数8540户，占比5.01%。

访谈对象：董某

访谈地址：通辽职业学院

访谈时间：2017年4月1日

我是通辽职业学院护理系2年级学生，来自内蒙古赤峰市翁牛特旗五分地镇合成公村。我的父母都是农民，靠种地为生。但是，因为我的家乡土地贫瘠、靠天吃饭，这几年连年遭遇干旱、冰雹等自然灾害，农业收入很少。加之既没有文化，也没有本钱，又无一技之长，父亲只好以做短工维持生计。而母亲身体一直不好。看着母亲日渐消瘦的身体，觉得自己很对不起他们。

现在，家庭重担都是父亲一个人承担着。父亲干的活是对身体有害的，但是为了给我交学费，他不惜牺牲自己的身体健康，这种父爱让我很不是滋味。我不知道该怎么报答他们。现在家里的收入只能维持基本的生活，日子过得紧紧巴巴的。

虽然父母一直觉得对不起我，吃没吃到好的，穿没穿到好的，但我一直觉得我很幸福，至少精神上是幸福的，真的，爸妈很开明，不像有的父母觉得读书无用，对子女的学习漠不关心。有的初中都没读完，就让其辍学去打工，有的读个高中鲜少能升入大学。爸爸的文化程度不高，妈妈更是算半个文盲，但他们知道读书是好的，学知识是好的。他们说只要我读得进去，读得多高他们都愿意，就算砸锅卖铁。我感谢他们。

父亲也不想给国家添负担，即使自己省吃俭用，也要坚持交学费。但是天有不测风云，暑假一次意外，父亲出了车祸，膝盖受伤，暂时什么都不能干。这给本来拮据的家庭，平添了一份痛苦，不仅学费交不上了，连生活都成了困难。我小的时候学费还不太高，少则几百多不过干，爸妈还供得起。但学历每上一个台阶，学费就要翻倍，我大学一年的学费是 5000 元，但我家一年的总收入都没有这么多，怎么可能交得起？

追踪访谈：董某某（董某的父亲）

访谈形式：电话访谈

访谈时间：2018 年 4 月 25 日

我家住内蒙古赤峰市翁牛特旗五分地镇合成公村，现在在武汉的建筑工地上打工。我家有 3 口人，有 9 亩地，种地实在是不挣钱，玉米降价，搞不好忙活一年都得赔钱，没办法就出来打工了。我爱人的颈椎、腰椎间盘都有毛病，让她在家种自己那点地的活，地太少不值得，包人家的地吧她又干不动，干脆就跟着我一起出来了，就是啥活儿也没干。武汉的气候、水土我们都适应不了，来了就开始得病，但是没办法，怎么着也得挣钱供孩子上学啊，我们就是吃了没文化的亏了，千万不敢让孩子走我们的老路。

如果扶贫工作不能从根源上解决土地等基本生产资料短缺的问题，一些贫困户即便是目前在各种帮扶政策的"推""拉"合力作用下脱贫了，但如果遇到灾年还是很容易返贫。而且，有很大一批农牧民，虽然从收入指标上衡量他们是生活在贫困线之上的。但是，这些人缺乏生产资料，生产资金靠借贷甚至是民间高利息借贷，生活质量与贫苦户相比并没有太大差异。所以，对农牧民生产条件的改善是最重要、最根本的扶贫。

访谈对象：鲍某某

访谈地点：内蒙古民族大学

访谈时间：2018 年 4 月 1 日

我家有 4 口人，父母、奶奶和我，有个姐姐已经出嫁了。我父母身体都不太好，爸爸的手臂经常疼，妈妈也有头疼的毛病。

我家有几十只羊，但是家里真的挺困难的，一来养羊不值钱，前年夏天，姐姐跟我说，为了多给我攒点生活费，一个春天父母在家只吃咸菜，想到这些我心里真难受。很恨自己，没能力照顾父母，还让父母受苦。另外，我们家有 3 万多元的贷款，还有欠高利贷的钱，为此我很着急。我们家没有得到贫困户的待遇，我们村子里有的贫困户，只是穷但并没有外债，和他们比好像我家更贫困一些。父母出不了远门，打不了工。因为家里有个老人，不能扔下老人出去打工，所以只能在家干点儿活儿，挣不了钱。每次给我钱的时候都要从别人那儿借。因此每当我没钱的时候，都没脸给家人打电话。学校给了我困难补助，一年3000元。希望能快点毕业，找到工作，这样家里的负担就轻了。

鲍同学的访谈里，说出了一个很现实的问题，对于贫困户的鉴别，现在主要依靠的是对经济指标的考量，但是，往往贫困户因为受偿还能力的限制，银行不会轻易给他们发放贷款，民间的高利息借贷也很难借到，所以，往往这些家庭的贫困表象和内在几乎是一样的，但是，像鲍同学家庭这样的，应该算是隐性的贫困户，因为对这样的家庭来讲，家里的财产即便是全部变卖也不可能还清外债，是处于"资不抵债"的状况下。显性的贫困户容易识别，隐性的贫困户也应该得到关注。

扶助、赡养亲人力不能支。在我们调研的过程中发现还有一种贫困生是在一种力不能支的状态下扶持、帮助、赡养着亲人并因此陷入贫困窘境的。

访谈对象：周某某

访谈地址：通辽职业学院

访谈时间：2018年5月5日

我是通辽市职业学院护理系2016级学生。来自内蒙古赤峰市宁城县大明镇城东村。

我是一名弃婴。1995年，刚出生的我就被亲生父母遗弃了。被养父发现的时候，我身上连一床小被子都没有裹，扔在苞米秸秆堆上。当时也就是现在这个季节，如果不是被养父母发现抱回家，可能也就没有今天的我了。

养父母的家虽不富裕但很温馨。2003年的冬天这一切都改变了。养母出去干活儿被车撞伤，生命垂危。9岁的我休学陪护妈妈，好让爸爸能回家侍候庄稼，炸油条卖了挣点现钱。每隔上五六天，爸爸就把这几天挣的钱送来交医院的费用。

妈妈在医院一住就是一年，为了省钱，我和妈妈整整喝了一年的粥，吃了一年的咸菜。后来我们实在交不上医药费了，医院就要给妈妈停药，我就去求医生、求护士，最后去求院长。当时院长的答复到今天我还记得。"像你这种情况，医院每年都有很多，医院也有困难，实在不行就出院吧。"当时我跪在地上，苦苦哀求，医院终于留下了妈妈。

妈妈的命是保住了，可从此却是高位截瘫，只能与轮椅为伴。

妈妈出院以后，我又回到了学校。每天早上4点，我就要起床陪爸爸炸油条，给妈妈收拾大小便、喂水、喂药、生火、做饭，然后跑步去上学，中午放学再飞奔回家。但是就这样的日子也没能长久，2009年，爸爸也患了严重的脑血栓病，我不得不再次休学。每天早上在医院照顾爸爸，中午回家照顾妈妈，就这样两头跑了一个多星期，爸爸的命保住了，但人却不得不拄起了双拐，完全丧失了劳动能力。

从小到大，也有人和我讲过我是捡来的孩子，但我从来没有相信。爸爸病倒后，他用含糊不清的话语告诉了我这个真相。我知道这是善良的爸爸妈妈怕拖累我，要撵我走。可是，十几年的养育之恩怎么能放得下！爸爸妈妈垮了，我要给他们撑起一个家。

两次休学，使我在同龄人已经大学毕业的年龄才走进了高考的考场。填志愿的时候，我选择了离家近的通辽职业学院；选专业的时候，我选择了护理专业，为的是以后能更好地护理爸爸妈妈。上学之前，我把家里的2.6亩地让给伯伯家种，就为了让他隔三岔五能过来看看我的爸爸妈妈。把瘫痪在床的妈妈留给了自顾不暇的爸爸，我心里的牵挂难以言表。

2016年，大明镇政府为我爸爸上了低保，妈妈享受五保待遇，政府还帮着翻盖了房子。为了让我能完成学业，学校给了我国家助学金、金秋助学金，还受到学院团委的资助。学长、学姐们把自己用过的书籍和资料给我，帮我节省书费，怕我没钱吃饭，给我充了1000元的饭卡。还在学校食堂给我安排了一份兼职，所有的这一切，让我的心暖暖的。

刚进学校，除了物质上的贫困外，我心里是很自卑的，辅导员老师为了培养我的自信心和为人处世的能力，让我担任了班级的班长。在为同学们服务的过程中，在老师们的鼓励帮助下，我变得越来越自信，越来越坚强。

从2014年起，"内蒙古自治区孝老爱亲道德模范""中国好人榜好人""第六届内蒙古感动人物"等荣誉接踵而来。2017年11月，我被评为"德耀中华·第六届全国道德模范"（孝老爱亲模范）。这些荣誉也带来了一些经济上的奖励，近几年我已经获得了近 10 万元的奖金，我家的生活压力得到了很大缓解。

我马上就要实习了，我准备回宁城医院实习，离家近了照顾父母也方便一些。羊羔跪乳、乌鸦反哺，动物尚且如此，我做的一切都是为人子女的本分。

在与周某某的交谈中，我能感觉到这是一个很有灵气的女孩子，很健谈，说话也很得体。在班级里，她比其他学生年长 2~3 岁，加上生活的压力使得她在同学当中格外显得成熟。她既是班长，还在学生会里担任职务。对小周来讲，她的幼年是不幸的，但是，幸运的是遇到了好心的养父母，能够让她享受到同龄人所能享受到的关心和呵护。而且，在养父母相继病重的时候，她没有离开她那个风雨飘摇的家，用自己柔弱的身躯扛起了父母的后半生。正所谓"你养我长大，我陪你变老"。中华民族的传统美德在她身上得到了很好的体现。经过各方帮扶，周同学完成学业完全没有问题，而且与养父母的生活开支也得到了保障。但是，在交谈中，笔者也产生了一些担忧，害怕这个年轻的姑娘被各种荣誉捧杀，害怕随着眼界的开放，接触面增多，年龄增长，单纯善良会被世俗的东西污染。所以，对年轻人的宣传一定要适可而止。

读书费用太大而导致的因学致贫。

访谈对象：迎某

访谈地址：内蒙古民族大学

访谈时间：2018 年 4 月 1 日

我家里三口人，妈妈黄格尔其其格带着我和弟弟一起生活。我们家是村子里的低保户。享受低保户的帮扶政策，这在一定程度上缓解了妈妈的经济压力。弟弟在读中学，教育扶贫解决了他的学费，生活费也会给一些补助。我的学校对贫困生的帮扶工作也很公平，很公正。会考虑到每个贫困生的困难，真的做到了不会让一个学生因为贫困而失去学业。

访谈中发现，这个学生与她的年龄不相符的成熟和坚强，对家里的困难，浅浅一两句话带过，但对来自各方面的帮扶表达了深深的感激。

访谈对象：齐某某

访谈地址：内蒙古民族大学

访谈时间：2018 年 4 月 1 日

我家住在通辽市科尔沁左翼后旗，甘旗卡镇达日吐嘎查。父亲叫浩斯胡雅嘎，母亲叫刘金丁。

我家的致贫原因，主要是因为家里人口多，劳动力少。我奶奶和我们生活在一起，老人家体弱多病，这么多年就没停过服药。我妈妈出过车祸，做了肺切除手术才得以保全生命，现在只能在家走动但不能干活，家里家外全靠爸爸一人张罗。再加上家里我们姐弟三个都在念书，所以，爸爸支撑着这个家真的很难。但是即便这样，爸爸从来没有过让我们三个孩子停止学业的想法。所以我们三个一定要争气，为爸妈打下一片天，命运如此，但我从未怕过，只要努力，上天不会辜负你。

我们家得到的帮助仅仅限于奶奶的老年卡，其他没有。眼前我最希望得到什么样的帮助？我当然希望我们家能多得到些政府的帮助。如果不行，我也理解，也许比我还困难的人挺多，我希望他们安好！

访谈对象：王某某

访谈地址：通辽职业学院

访谈时间：2018 年 4 月 1 日

我是通辽职业学院护理专业的学生，今年 21 岁，来自内蒙古兴安盟科尔沁右翼中旗额木庭高勒苏木后拉拉屯嘎查。我家一共 7 口人。爷爷、奶奶、父母、姐姐、妹妹和我。我的父母都是农民，靠种地为生。辛辛苦苦挣钱供我们上学。但是，尽管父母不懈劳作，但生活还是比较拮据，不容乐观。加之姐姐已经毕业但还没有稳定的工作，我又刚刚迈入大学校门正是用钱的时候，妹妹也马上上高中了。所以，支付学费、生活费的重担就落在了年迈的父母身上。爷爷奶奶的身体都不好，尤其是爷爷，腿脚年轻时受过伤，落下了毛病，需要常年吃药来维持。因此，赡养两个老人、供养三个孩子，父母的压力真的是非常大。这里，我能深刻体会父母的辛苦，全力替他们分担是我的责任。因此向学院提出申请困难补助，希望能给予我帮助。

追踪访谈：王某某

访谈方式：电话访谈

访谈时间：2018 年 4 月 25 日

我是王某某的父亲，家住在内蒙古兴安盟科尔沁右翼中旗额木庭高勒苏木后拉拉屯嘎查。我家一共 7 口人，供 3 个女儿上学，家里有 30 亩地，年年看天吃饭，收成不好，扣除了投入，一般也就剩下 1 万元左右的收入，最好的年景也没超过 2 万块钱。我父母单独立户了，他们是低保户，一个月有 300 多块钱的收入。我家不是低保也不是贫困户，但是供三个学生确实是压力很大。大姑娘去年毕业了，在呼市打工，学的是会计专业，自己也就能养活自己，照顾不了家里。我家有外债，也有贷款，合在一起能有 4 万多块钱吧，只能慢慢还了，还要供两个学生呢，再说我妈现在也瘫痪了，不管也不行。

摸清农牧区生源教育贫困现状是决定教育扶贫功效的关键因素。本课题组在内蒙古地区进行了大量调研，包括数据搜集、访谈及跟踪调研等形式。对从学前教育起到大学教育止的贫困生源群体现状进行了较为详尽的了解和把控。通过对贫困大学生家庭致贫原因的分析，我们发现贫困的原因不尽相同，有自然环境的原因，有生产资料缺乏的原因，也有因病因残的原因，等等。但贫困的结果却是一样的，即学生在经济上的压力而随之产生的各种困顿。可以看出，目前对贫困户致贫原因的统计数据包含着不合实际、不科学、不全面的因素。因为依据统计数据，内蒙古农牧区贫困人口的主要致贫原因以占比高低排序依次为因病（53.64%）、缺资金（11.21%）、因残（9.99%）、缺劳力（8.21%）、因学（5.01%）、因灾（3.97%）、缺土地（2.68%）、自身发展能力不足（2.39%）、缺技术（2.38%）、缺水（0.45%）、交通条件落后（0.21%）等。但是，我们以上述提到的几位同学为例，每家的贫困原因都不是简单地用一种原因能概括的。上述 11 个致贫原因（因病致贫、缺资金、因残致贫、因学致贫、因灾致贫、缺劳力、缺土地、缺水、缺技术、交通条件落后、自身发展力不足），主要针对一维致贫原因展开，实际上，贫困人口产生贫困的原因基本是多维度的，大多是几个因素叠加在一起。叠加因素越多，贫困程度越深。分析呼伦贝尔大学李同学家的致贫的原因至少有 8 个：因病致贫、缺资金、因残致贫、因学致贫、因灾致贫、缺劳力、暂时缺土地、自身发展力不足。但其中最主要的还是因病致贫。从上面分析的几个案例中可见，内蒙古农牧区贫困生源及其家庭的致贫原因，很大程度上都是因为疾病。亲人病患使得家庭收入骤减，供养学生的能力骤降。来自这种家庭的贫困生源，要想完成学业只能依靠帮扶。通过对胡同学的访谈发现胡家致贫的原因有8个：因病致贫、缺资金、因学致贫、因灾致贫、缺劳力、缺水、缺技术、自身发展力不足。

分析呼伦贝尔大学李某、白某某和内蒙古民族大学学生胡某某的母亲的访谈内容，可以发现，他们家致贫的主要原因是亲人患病，而且主要是心脑血管病。特别是李某的父亲家，有明显的遗传病史，脑血栓、高血压、糖尿病等都显现出了很明显的遗传特点。对于内蒙古东部长期慢性病高发的原因，通辽市医院神经内科包主任讲，导致心脑血管病的原因是多种的，其中最主要的是血压长期得不到有效控制。通辽地区农牧区受经济发展水平的制约，老百姓中有很多人并不懂得科学的生活方式，抽烟、喝酒、高盐饮食，无论什么季节，几乎家家离不开腌制的咸菜。而且即便是经济条件很差的贫困户，很多时候也会租赁机械完成农业生产，农闲时就待在家使劲吃喝又不锻炼，所以，在农村牧区，高血压病、高脂血症、肥胖症、糖尿病等以往的"富贵病"越来越多。而这些病如果得不到很好的治疗与控制，后果就是严重的心脑血管病。在深度贫困人口中，健康的生活方式普遍没有被重视，甚至还有人有误区。比如，我们在访谈通辽市科左中旗敖包苏木前胜利嘎查韩某时，他就讲自己以前喝酒时啥毛病没有，戒了酒就得了脑血栓，面对这类误区，笔者无言以对。

通过上述案例的分析，可以感受到恶劣的自然环境对内蒙古农牧民生产发展、生活水平提升的制约。奈曼旗是内蒙古东部生态环境比较恶劣的地区，土地沙化严重，很多地方已经沙进人退，虽然近年来得到了一定程度上的遏制，有了一定程度的治理，但生态对农牧民生活的影响还是很大的。除了沙化之外就是干旱、降水量少，年年靠天吃饭。除了生态原因之外，胡同学家致贫的原因最主要的就是疾病。其父母先后都得了病住院治疗，花费达5万~6万元之多，把家里的生活拉入了困境。特别是其父的心脏病加重，一是失去了劳动能力，二是继续服药造成的开销负担也很重。而且，在胡某某看来，年景差现象的存在也是农牧民家庭经济收入增长缓慢的原因。

对于内蒙古东部地区土地沙化问题，我们在调研中和前些年的情况进行了对比，发现经过多年的治理，已经见到了效果。比如说在奈曼旗就表现得很明显。而且，通辽市今年启动的节水灌溉项目会有效地缓解干旱天气对农业生产的影响。另外，国家对精准扶贫户的医疗帮扶政策会帮助他们渡过暂时的难关。值得欣慰的是，接受了一年多高等教育的胡同学，已经有能力考虑农产品剪刀差的问题，而且还讲出了扶贫不仅带来了对贫困人口经济上的扶持，而且在很大程度上也振奋了贫困户的精神，扶贫也是在扶志这样的道理，胡家的希望在他的身上。

通过对董某父子俩的访谈分析，孩子的思想压力是显而易见的，对自己求学对家里造成的经济负担孩子还是很忐忑不安的，甚至对父母有一种很深的愧疚。这种心态对孩子的成长来说不能说是一种好的情绪。这个孩子虽然生活在经济十分窘迫的家庭，但是，他很知道感恩，对父母的付出看在眼里记在心上疼在心里，知道感恩是成人最关键的一步。据学校老师讲，这个学生的学习很刻苦，学习护理专业也是因为男孩子学护理的比较少，男护士相对来讲比较好找工作。他现在最大的愿望就是早点毕业，能够减轻家里的负担，回报家庭，回报父母。

访谈对象：戴某某

访谈地点：内蒙古民族大学

访谈时间：2018 年 4 月

我家住在科左中旗花吐古拉镇，是村子里的精准扶贫户。咱们国家对贫困人口的帮助，明目其实挺多的，列入建档立卡户，十个全覆盖帮助盖房子，还有各种补助金，五保户、低保户，等等。这些方案对于帮助贫困家庭来说是很不错的方案，但是要想推行好这些方案难度就挺大了。比如，十个全覆盖给贫困人口盖的房子，但是，这种覆盖只提供毛坯的房屋门窗，其他的概不负责。建立一个家，不是只用砖瓦门窗的，还需要简单的装修。然而我个人觉得要是自己家有人手的前提下，装修更需要物资。贷款补助的话，上报的人数不清，钱多少也分不清，一连串儿下来，广大人民都不知道能得多少，是针对什么人的。我觉得，要把好事办好，在干部方面是可以要求学历高、廉洁的人，因为是传达人民的心声。方案推行时，应安排很多监察人员，以防贪污，当然监察人员要能力强，以身作则，能以德服人。在推行方案或政策方面，应由这个地区党员或干部给老百姓讲清楚，让他们了解什么人该报什么人不能报，心里有个数，但我们国家是人口相当多的国家，要想让所有人都了解也是有难度的。

从对戴同学的访谈，可以发现年轻人说话虽然有些偏激，有些以偏概全，但还是反映出年轻人对扶贫领域腐败问题的深恶痛绝，对扶贫政策落实过程中出现的问题的关注，还有就是对改进措施有自己的看法，这是一种特别可贵的现象。在高校贫困生群体中，知识投入越多，对学校的资助满意度评价就越高。国内基于公平理论的实证研究表明，知识投入要素一般与薪酬满意度呈负相关关系，这一研究也反映出高校贫困生群体中成绩越好、在校表现越优秀的同学，越懂得感恩，即使对资助结果有不满，也不影响其对学校资助的总体评价。因此，需要对知识投入要素低的高校贫困生加强感恩教育，也需要资助工作者在实际工作中保证评选制度和程序的公平、公正和公开，并且在公示期间做好向学生的答疑、解释工作。①

受益于优惠政策进了重点大学，农村大学生特别是贫困生却又面临"融入难、学业难、就业难"等适应性问题。②

一是素质扶贫未被完全重视。进入大学后，不少贫困县乡村学生感到自卑、迷茫。与城市学生相比，乡村学生有一些明显劣势，"文科学生差距主要体现在阅读量、知识面上，理科学生主要体现在对信息技术与手段的掌握上。差距会慢慢缩小，因为绝大多数农村学生都非常努力、自强，但是他们一定需要付出比城里学生更多的努力"。"他们在规划未来时，无法完全遵从自己的爱好，心里都埋藏着要尽快承担家里经济负担的自觉使命感"③。虽然经济问题基本上得到解决，但素质贫困，如能力贫困、技能贫困、交际贫困、心理贫困等仍然纠缠其身，成为许多农村牧区大学生的心病。

二是"真假贫困生"问题。近年来，大学生助学金遭"假贫困生""偷食"现象时有发生，致使助学不公平。同时，大学生助学贷款也面临同样的问题。为此，"划定贫困线""演讲比贫""吃得好或无缘助学金"等新闻屡屡出现在高校贫困生的认定工作环节，如何甄别"真假贫困生"，让有限资源"用在刀刃上"，俨然成了全国高校和内蒙古高校的一道难题。就我们调研发现，究其原因主要有以下方面。第一，基层治理不力。"真假贫困生"问题，表面上看，是学校与学生两方的事情。实际上不尽然，还有一

① 鲁瑶：《基于公平理论的高校贫困生资助满意度调查》，《金陵科技学院学报》（社会科学版）2018 年第 6 期。
② 凌馨、万玉凤：《从"上大学"到"上好大学"》，《中国教育报》2015 年 12 月 5 日。
③ 赵婀娜、杨宇潇、张建铭：《好大学里的农村生能再多些吗》，《人民日报》2015 年 11 月 20 日。

个监管主体即村、组（社区）领导。身为辖区的"父母官"，他们对学生家庭情况最为了解，也最有发言权。但由于种种原因，他们中的少数责任心不强，治理力差，对学生申请材料不经核实，随意盖章开证明，个别的甚至和学生家长一起造假瞒报。第二，校方存在的问题。学生一进学校，审定责任就落在高校相关部门领导身上。做得好的高校虽然在新生开学前就摸底甚至个别家访，采取自荐、他评（班级民主评议、院校审核）、学生在校表现等多种方式建立了"贫困生数据库"，但由于学生来自四面八方、数量大，甄别精力、渠道有限，无法全面真实掌握学生家庭的财务信息。少数高校甚至不作为，没有家访，没有向贫困学生的高中发函进行调研，也没有对学生开展相关教育。就我们调研发现，一些"假贫困生"实际上并不想造假，往往是其家长利欲熏心，才出现了"假贫困生"。相反，一些"寒门学子"由于担心暴露家庭情况等，虽然经济困难却不提交申请书。第三，没有第三方介入。校方无力复查，相关部门也没有请第三方机构帮助。第四，对"假贫困生"基本上没有处罚。高校的一般做法是："如果的确属于'假贫困生'，将从贫困生名单中剔除，让助学资源物尽其用。"① 造假不仅没有损失，一旦成功反而可以获利，何乐不为？这也是"假贫困生"特别是其家长、相关责任人肆无忌惮造假的根本原因。

三是出口扶贫存在问题。出口即出路，"就业拼爹"危害不言而喻。虽然全区采取了一系列措施，但并没有从根本上解决农村大学生特别是贫困大学生的出路，他们的就业难度相对较大，已成不容回避的问题。"他们常常进退两难，大城市房价高、生活成本高，一些中小城市又缺少就业机会，需要拼关系、拼资源，对于没法'拼爹'的农村大学生他们都不占优势。"②

教育扶贫，功在当代，利在千秋。扶助一个孩子，会给一个家庭带来希望。对生活困难的在校大学生的资助、扶持政策由来已久。在多年的实践中也早已形成了系统的政策体系。各学校在实际工作中也制定了适合本校实际的操作规则。以内蒙古民族大学为例，在内蒙古自治区《关于开展学生资助规范管理年活动的通知》等资助政策指导下，该校制定了相关资助管理办法，具体有《内蒙古民族大学家庭经济困难学生认定管理办法》《内蒙古

---

① 李伟：《"贫困生认定"要不要看餐桌饭碗？——高校助学金评定引发的疑问》，《中国教育报》2015 年 10 月 17 日。

② 赵婀娜、杨宇潇、张建铭：《好大学里的农村生能再多些吗》，《人民日报》2015 年 11 月 20 日。

民族大学国家奖学金评定办法》《内蒙古民族大学国家励志奖学金评定办法》《内蒙古民族大学国家助学金评定办法》《内蒙古民族大学学生奖励实施细则》《内蒙古民族大学家庭经济困难学生学费减免办法》《内蒙古民族大学学生勤工助学管理办法》《内蒙古民族大学特困学生临时困难补助办法》等相关文件，资助工作实现了制度化、规范化管理。找准方位才能把握航向，主动作为才能克难前行。新时期脱贫攻坚的目标，集中到一点，就是到 2020 年实现"两个确保"：确保农村贫困人口实现脱贫，确保贫困县全部脱贫摘帽。① 贫困家庭的脱贫，要想长久彻底必须要靠自我发展能力的提升，这种强有力的能力最关键的还是在于这个家庭的新生代的崛起，只有他们的崛起，这个家庭才会有希望，而教育扶贫就是这样一个让贫困家庭充满希望的举措。

---

① 《在中央扶贫开发工作会议上的讲话》（2015 年 11 月 27 日），《十八大以来重要文献选编》（下），中央文献出版社，2018，第 34 页。

第三章

内蒙古民族教育扶贫能力短板

习近平同志指出，"扶贫开发推进到今天这样的程度，贵在精准，重在精准，成败之举在于精准"[①]。坚持精准扶贫精准脱贫，关键是实现扶持对象精准、项目安排精准、资金使用精准、措施到户精准、因村派人精准、脱贫成效精准。为此，改进扶贫方式，从大水漫灌式的扶贫方式向更加注重"精准滴灌、靶向治疗"转变。建立稳定脱贫的长效机制，坚持扶贫开发与经济社会发展相互促进、与生态环境保护并驾齐驱、与社会保障有效衔接，精准帮扶与集中连片特困地区开发紧密结合，解决扶贫与经济发展脱节的问题。严格建档立卡制度，摸清贫困人口底数，坚持因人因地施策、因贫困原因施策、因贫困类型施策，在精准推进上下实功，在精准落地上见实效。[②]

中国教育的"短板"在农村，内蒙古教育的"短板"在农村牧区特别是贫困县乡村。家庭成员素质是致贫、返贫的根本原因，因学致贫、返贫现象较为普遍。由于教育水平低，一些家庭一直走不出"贫困循环"怪圈。"扶贫先扶智""扶智先扶教"已成为内蒙古迫在眉睫的问题。而政府教育扶贫能力的不足如决策能力较差、统筹各类教育发展能力有待提升、乡村教师队伍治理能力不高等严重制约着全区教育扶贫的效果甚至全区扶贫工作的进程。

---

① 中共中央党史和文献研究院、国务院扶贫办：《在部分省区市扶贫攻坚与"十三五"时期经济社会发展座谈会上的讲话》（节选），《习近平扶贫论述摘编》（精选），中央文献出版社，2018。
② 董铭胜：《精准扶贫彰显超强国家治理能力》，《人民日报》2017 年 9 月 4 日。

一　教育扶贫决策能力有待提升

2015 年 11 月 20 日，联合国儿童基金会发布《让每个儿童享有公平的机会：公平的承诺》，该报告称，儿童目前占世界贫困人口的近一半，最贫困家庭与最富裕家庭相比，儿童在 5 岁之前死亡的可能性高近 2 倍，失学可能性是 5 倍，女孩 18 岁之前结婚可能性为 4 倍。[①] 所以说，消除贫困的关键在于消除少年儿童的贫困。教育扶贫的作用在国务院扶贫办副主任欧青平的话中也得到充分证实，他说，对全国建档立卡贫困人口的分析表明，90% 的贫困人口为初中以下学历。其中，小学、半文盲、文盲的比例超过 50%，远高于全国平均水平，"贫困与教育有着紧密而复杂的联系"。[②] 一些学者研究也发现：在人力资本变量中，农民家庭劳动力的文化程度对其贫困风险产生了显著影响，家中劳动力的文化程度每增加一个单位，贫困风险就会降低 29.7%。[③] 研究发现，在低收入阶段到中等收入阶段过程中，基础教育发挥重要作用，而从中等收入到高收入阶段，教育质量比教育数量、高等教育比基础教育、高级技能水平比基础技能水平具有更重要的作用。[④]

"教育优先"在内蒙古全区一些地方特别是贫困县"说起来重要，做起来次要"。一是"以县为主"的义务教育管理体制，决定了县级政府是教育投入的主体，而许多县级政府财政紧张，教育需要投入的地方多，不像其他一些部门有收费许可，能为财政创收。因此，教育在很多基层政府领导眼里常常不受"待见"。二是根本原因还在于对基层领导政绩的考核缺少有关教育的硬性指标，缺少刚性的追责机制。很长一段时间以来，对地方领导干部的政绩考核是 GDP 至上，导致基层领导更多地关心招商、建企业、税收、财政增收等。再加上县级领导任期一般不会超过两届，自然就会对难出政绩、政绩难以量化且花钱又多的教育关注得少。因此，在许多地方，"教育优先发展"存在于领导的讲话里、下发的文件里，但很少落实到他们的行

① 何农：《儿童仍占世界贫困人口近一半》，《光明日报》2015 年 11 月 29 日。
② 李澈：《教育部直属高校全部参与扶贫》，《中国教育报》2016 年 1 月 23 日。
③ 陈永清、阳镇：《民族乡村农民收入困境的影响因素——基于广西河池民族乡村的调查》，《沈阳大学学报》（社会科学版）2015 年第 1 期。
④ 李立国、黄海军：《跨越中等收入陷阱 高等教育作用更重大》，《光明日报》2015 年 12 月 8 日。

动上①，对民族教育定位不准的现象还是很常见的。

二 统筹各类教育发展的能力不够

习近平总书记 2014 年在中央民族工作会议上指出"要做好民族教育工作就要坚定不移走中国特色解决民族教育问题的正确道路，从实际出发，顶层设计要缜密、政策统筹要到位、工作部署要稳妥"。②

1. 贫困县学前教育治理能力很低

学前教育是一个人教育的起点。"基础不牢，地动山摇"。虽然输在学前教育并不意味着就一定学不到脱贫致富的本领，不一定"地动山摇"，但至少会对一个人的一生产生重大的消极影响。关于全区"十三五"时期的学前教育，《内蒙古自治区国民经济和社会发展第十三个五年规划纲要》提出："加快普及学前教育。坚持公办为主导，公办与民办并举、农村和城镇并重的原则，结合国家学前教育三年行动计划二期、农村学前教育推进工程，进一步扩大公办幼儿园和普惠性民办幼儿园资源覆盖面；建立健全公共财政投入和家庭合理分担的学前教育成本共担机制，制定学前教育生均公用经费标准。强化学前教育师资培养，建立公办幼儿园教师招聘管理办法，促进学前教育规范发展。到 2020 年全区学前三年毛入学率达到 90% 左右。"③这里至少存在以下三个问题：一是提出的坚持原则存在不足。"坚持公办为主导，公办与民办并举、农村和城镇并重的原则"，没有突出农村优先的原则。二是经费扶贫不明确。"建立健全公共财政投入和家庭合理分担的学前教育成本共担机制，制定学前教育生均公用经费标准"，这本身没有错，但并没有具体体现扶贫的内容，没有明确对贫困户减免相关费用等。三是目标太笼统。"到 2020 年全区学前三年毛入学率达到 90% 左右"，没有对贫困县乡村学前三年毛入学率达到的目标进行明确而具体的规定。

乡村学前教育普及率低。由于我国学前教育公益定位不清，政府在发展学前教育，均衡教育资源中的责任缺失，以及市场发育不良，致使在学前教

---

① 李磊：《别让教育"说起来重要，做起来次要"》，《中国青年报》2015 年 11 月 20 日。

② 《中央民族工作会议暨国务院第六次全国民族团结进步表彰大会在京举行》，《人民日报》2014 年 9 月 30 日。

③ 《内蒙古自治区国民经济和社会发展第十三个五年规划纲要》，《内蒙古日报（汉）》2016 年 3 月 8 日。

育阶段，政府提供的公共产品和公共服务没有跟上社会发展的需求。① 由于全区地区发展差异，底子薄、欠账多，虽然到 2015 年全区学前教育毛入园率提高到 87%②，但仍然有近 13% 的幼儿无法享受学前教育，特别是农村牧区儿童进入幼儿园的比例更低。"十二五"期间，全区贫困县自然村幼儿园或学前班普及率由 6.4% 提高到 30%，学前教育仍是全区教育体系中最薄弱的环节。③ 贫困地区学前教育是全区教育"短板"中的"短板"，不仅是"上好园"的问题，更重要的是没有"园上"的问题。

全区学前教育还存在公办园主体地位不强、城乡普惠性学前教育资源总量不足、运行保障机制建设相对滞后、幼儿教师数量短缺、保育教育质量参差不齐等问题。④ 由于全区贫困县乡村幼儿园急缺，还存在不少具体问题：一是班均规模和师幼比远超国家和地方标准。二是基本设备与卫生状况很差，对幼儿健康不利。三是户外场地与设施设备、户外器械与自制玩具少。四是室内环境及设备材料缺乏，游戏得不到保证。五是墙面布置不符合幼儿教育要求。六是作息制度和课程"小学化"倾向严重。⑤ 而且未来 5 年学前教育面临的挑战还有不少，如人口生育政策调整后，二孩将在未来 5 年内入园，这是新增的刚性需求，必须有足够的资源增量加以保障。还有就是如何在现有基础上实现政府对贫困县学前教育努力投入长效机制的新突破，这也是亟须解决的一个重要问题。⑥

2. 乡村义务教育扶贫能力较低

一是精准投入能力有待提升。调研发现，有些乡村学校硬件建设项目没有考虑到当地人口变化因素，生源流失严重，但同时持续迎来大量的基础设施投入。供需情况的改变，让以往"撒胡椒面"式的投入难以见效，易造成教育资源浪费。同时，资源配置不尽合理，有些村小明明缺老师，可上面

---

① 但菲、索长清：《发展学前教育事业是一项系统工程》，《光明日报》2015 年 11 月 27 日。

② 巴特尔：《政府工作报告——2016 年 1 月 23 日在内蒙古自治区第十二届人民代表大会第四次会议上》，《内蒙古日报（汉）》2016 年 2 月 1 日。

③ 王连英：《徐建新委员：170 多万人甩掉贫困帽》，《内蒙古日报（汉）》2016 年 1 月 28 日。

④ 《内蒙古自治区人民政府办公厅关于印发自治区第二期学前教育三年行动计划（2014—2016）的通知》，《内蒙古自治区人民政府公报》2015 年第 12 期。

⑤ 刘占兰：《六问农村贫困地区幼儿园质量》，《中国教育报》2016 年 2 月 21 日。

⑥ 纪秀君：《学前教育发展洼地得到了有效增填——访中国学前教育研究会理事长、南京师范大学教授虞永平》，《中国教育报》2015 年 12 月 6 日。

来的项目却是盖校舍。越没学生越没老师，越没老师越没学生，陷入恶性循环。①

二是乡村寄宿制学校存在的不足。2014年，内蒙古政协教科文卫体委员会组织部分委员，历时2个多月，实地走访了16个旗县（区）、近40所农村牧区寄宿制中小学校，形成调研成果。2014年10月17日，自治区政协就农村牧区中小学布局调整带来的问题，与自治区有关部门进行面对面专题协商，认为农村牧区中小学布局调整带来的问题主要有：小学生上学路程增加，存在安全隐患；低年级学生寄宿对身心健康产生不利影响，给学校带来一定负担；编制不合理、师资结构性短缺，且优秀教师流失严重等问题。②

三是贫困县义务教育发展基本均衡程度极低。2013年293个，2014年464个，2015年545个，到2015年底，共计1302个，这是国家开展全国义务教育发展基本均衡县（市、区）的督导评估工作3年以来，通过国家认定的县（市、区）的数字。③而在国务院教育督导委员会公布的3批（2013、2014、2015）全国义务教育发展基本均衡县（市、区）名单中，内蒙古只有27个，其中贫困县（市、区）仅10个，占全区57个贫困县的17.5%，贫困地区义务教育发展基本均衡任务非常艰巨。

四是乡村学校"空心"。乡村"空心"，城镇"夹心"，生源"虹吸"加剧。城区学校"容不下"，村镇学校"装不满"。学生少，如呼和浩特市武川县耗赖山中心学校如今只有2个班，7个学生。④随着全区乡村人口不断流向城镇，乡村教育的萎缩还将加剧。规模小、人数少的村办小学（10名学生及以下的学校），被称为"麻雀学校"，学生基本上都是留守儿童。虽然方便了学生就近入学，但教育质量水平整体偏低。撤并学校，路途变远，家长不答应。⑤究竟何去何从，不外乎面临"撤并"与"坚守"两种选择。基于生育政策放宽、学龄人口变化、家长意愿、城镇化推进和教育发展等因素考量，布局调整将始终与农村牧区义务教育发展相伴相随，"撤

---

① 张玉甫、潘志贤：《钱投了不少，乡村学校为何不叫好》，《中国青年报》2016年2月4日。
② 及庆玲、何春英：《解决农村牧区中小学布局调整带来的问题要科学规划因地制宜》，《内蒙古日报（汉）》2014年10月19日。
③ 都文：《教育督导为推进教育现代化保驾护航》，《人民日报》2016年2月24日。
④ 章奎：《乡村里的坚守》，《内蒙古日报（汉）》2015年9月10日。
⑤ 柴秋实：《"麻雀学校"去还是留》，《人民日报》2015年12月11日。

并"部分生源减少甚至没有生源的学校依然在所难免,但"撤并"应非常慎重,教育行政部门应有一个通盘而长远的考虑。

五是"融合教育"不够。对于残疾人教育,联合国《残疾人权利公约》提倡"融合"而非"隔离"。作为缔约国之一,虽然我国一直积极推动"融合教育"的发展,然而我国还有很多特殊儿童仍在接受隔离式教育。① 就内蒙古贫困县而言,不仅许多残疾儿童"融合教育"不够,甚至一些残疾儿童连一天学都没有上。

六是信息化程度不高。一个毫无教学经验的美国人萨尔曼·可汗录制的数学教学视频,让美国 2 万多所学校的数学老师和学生为之倾倒。课堂上,学生们观看这些视频,老师不再讲课,只负责答疑。视频简明、生动、易懂,有 4800 集,多数时候 10 分钟内便可让学生理解一个数学概念,在互联网上的点击率已近 5 亿次,共有 4800 万人观看。② 无独有偶,我国的一位"网红在线教师"讲授的一节单价 9 元的高中物理在线直播课,被 2600 多名学生购买。③ 教育信息化已成贫困地区教育均衡化的一大抓手。纵观全区贫困县乡村义务教育信息化建设还存在许多不足之处。基础设施有待进一步改善,教育区域网、校园网建成率缺口超过 47%,没有配备多媒体教室的比例超过 30%。教育资源平台、教育资源网建设程度不高,一些教师特别是老教师还没有基本掌握常规课件制作方法,不能利用信息技术和数字教育资源开展常态化教学,仅有 23% 的旗县区建成"同频互动课堂"教学系统并开展应用。④

七是人民科学素质不高。"十二五"末,内蒙古作为边疆少数民族地区人民科学素质目标比例为 4.75%,而刚刚公布的 2015 年全国人民科学素质的比例平均达到 6.20%。位列全国前 3 位的上海、北京和天津的人民科学素质水平分别为 18.71%、17.56% 和 12.00%。数字里的巨大差距,反映出内蒙古科学素质亟待提升的迫切程度。⑤

---

① 葛亮亮、张烁、朱虹、朱少军:《融合教育之困 如何协力破解》,《人民日报》2016 年 4 月 1 日。

② 吕森林:《互联网+能否破解"上学难"》,《光明日报》2015 年 11 月 13 日。

③ 余靖静、袁汝婷、廖君:《"时薪 1.8 万"引发"互联网+教育"三问》,《中国教育报》2016 年 4 月 2 日。

④ 章奎、霍晓庆:《教育信息化激发教与学的改变》,《内蒙古日报(汉)》2015 年 11 月 3 日。

⑤ 刘芬:《内蒙古科技馆以创新打造科学嘉年华》,《内蒙古日报(汉)》2015 年 9 月 24 日。

3. 职业教育扶贫"地气"对接不够

职业教育包括中等职业教育和高等职业教育两个部分。广义上的中国产业工人，应该包括两个层面，一是数量庞大的农民工，二是中职学校、高职院校毕业的学生。前者是由人入工，后者是由学入工。两者之间的区别在于受教育的方式和程度，相同之处则在于在某种程度上都缺乏长期、正规、系统的教育规划。① 《2015 中国高等职业教育质量年度报告》通过对高职毕业生的跟踪调查，发现有 91% 的 2014 届高职毕业生为家庭第一代大学生，且近 4 年来呈总体上升趋势。2014 届中有 52% 的高职毕业生家庭背景是"农民与农民工"，且近 4 年来呈现总体上升趋势。② 高职院校注重服务贫困地区、乡镇建设、县域经济发展和中小城市，53% 的毕业生留在当地工作。这些都说明高职教育实际发挥教育脱贫的功效明显。③ 虽然职业教育已成为教育扶贫的重要组成部分，但职业教育"上热下不热""官热民不热""校热企不热"等问题的长期存在，严重束缚着全区职业教育发展的脚步。

一是重视程度不够。有的人认为实现"普九"就大功告成，却不知道不少贫困县乡村初中毕业生、高中毕业生无技傍身，只能靠体力挣钱，回乡几年后便成为扶贫对象。有的人习惯把地方的贫困落后归因于自然条件和生产方式，却对造成落后的根本原因之一教育贫困，尤其是职业教育的贫困"视而不见，无动于衷"。如果对职业教育不重视，有可能造成基础教育和普通教育的巨大努力功亏一篑，难以实现价值转化。④ 虽然职业教育就业率高，但报名者却不够踊跃。许多贫困家庭初中、高中毕业后未继续升学的学生觉得继续读书不如早点挣钱实惠，意识不到教育培训是"斩穷根"的关键之举，即使上了职校也只是当过渡，上学也是不情不愿、漫不经心。学者梁鸿在《中国在梁庄》《走出梁庄》中，还原了不少农村青少年的人生轨迹，即过早辍学—打工—结婚生子—打工，由此循环形成贫困的代际传递。正是在这样的环境下，读书无用论、读职业教育无用在不少农村贫困地区大有市场。⑤ 另外，《中国青年报》社会调查中心于 2015 年 8 月通过益派咨询

---

① 许宝成：《培育一流产业技术工人要从职业教育入手》，《光明日报》2016 年 3 月 29 日。
② 马慧娟：《91% 的 2014 届高职毕业生为家庭第一代大学生》，《中国青年报》2015 年 8 月 10 日。
③ 董洪亮：《阻断贫困代际传递 高职教育功效明显》，《人民日报》2015 年 7 月 16 日。
④ 张文凌：《职业教育如何在脱贫中发挥"最后一公里"作用》，《中国青年报》2016 年 1 月 31 日。
⑤ 张松超：《"高考名村"为何不信读书无用论》，《中国青年报》2016 年 3 月 1 日。

对 1244 人开展的调查显示，虽然有一技傍身让不少人羡慕，但调查显示，仅 25.8% 的受访者认为当下技能型人才获得了应有的社会地位，38.7% 的受访者认为当下技能型人才没有获得应有的社会地位，35.5% 的受访者认为不好说。① 这在极大程度上影响了职业教育扶贫的效率。

二是职业教育体制"两张皮"。职业教育由教育部门管，技工培训由人社部门管，但教育部门不了解企业用工情况，就业服务不清楚学生资源和专业配置，往往造成教育和就业脱轨，职业教育被割裂。同时，贫困县域统筹领导能力十分有限，受制于地方经济、产业的实际发展情况，并没有像样的企业，根本没有校企合作的可能。县级中职学校、职教中心囿于办学资金匮乏、硬件设施落后、师资力量薄弱、生源不足等现实因素制约，教育质量与培训质量较差，毕业生就业较难，无法有效地提升扶贫脱贫的能力。②

三是校企合作"一头热一头冷"。学校的强项在管理学生、提升学生职业素质；企业的强项在培养学生专业技能和了解社会人才需求上。但是，全区贫困县职业教育的基本情况是：校企合作"校热企冷"。企业对校企合作依赖性不高，约 67% 的样本企业中每年新招聘员工来自职业院校的比例低于 20%，约 60% 的样本企业所委托职业院校培训的员工数量占全员的比例在 5% 以下；90% 的样本院校都采用校企合作的办学方式。③ 第一，深度校企合作缺少保障。由于校企合作是在政策指导下依靠学校与企业自发进行，合作缺乏有效的制度保障，缺少相应的法律规范，加上企业追求利润的本质，使许多企业在这种合作中不愿过多大投入，其中很大比例仅是浅层次的校企合作；职业院校积极寻求开展校企合作，而企业对于校企合作缺乏积极性，造成校企合作无法持续、深入发展。④ 职业教育的发展需要校企合作，每所学校都把这项工作摆在重要的位置，但并不是每一家企业都这样认为，这个问题在全区贫困县表现得更为明显。贫困县的企业跟发达地区的企业比起来，小微型企业较多，对技能的要求不是很高，很多企业的工种是体力型，所以，贫困县开展校企融合很艰难。第二，需求衔接不够。新道科技股份有限公司总裁郭延生的观点一针见血：目前，教育界把企业当乙方的现象

① 王琛莹、马越：《84.2% 受访者认为有一技之长值得自豪》，《中国青年报》2015 年 8 月 13 日。
② 胡波：《职业教育要在"最后一公里"发挥作用》，《中国教育报》2016 年 3 月 29 日。
③ 练玉春：《校企合作，看上去很美?》，《光明日报》2015 年 11 月 10 日。
④ 董刚：《阻力巨大：多元责任需要多方落实》，《光明日报》2015 年 12 月 1 日。

普遍存在。产教分离的十年，企业不信任院校，院校也没有真正建立为企业服务的机制与文化。① 与之相对应的"双师型"教师问题，按照"双师型"教师队伍建设的要求，专业课教师最好从行业、企业引进，从学校毕业的新教师也最好积累 3~5 年的工作经验。但是，贫困地区的学校专业课教师仍然是从学校到学校的居多。

四是教育内容存在不足。欧盟 5700 万 15~24 岁青年中有 750 万属于既未就业亦非就学的群体。该群体被国际劳工组织称为"失去的一代"，甚至被打上游手好闲与自暴自弃的烙印。欧盟各国企业对高素质技术工人的需求巨大，然而欧盟各国青年失业率居高不下。欧盟职业教育学生的成长场所过多囿于课堂，极少走进厂房，以至于入职前对岗位懵懂无知，所获技能亦与岗位需求貌合神离。② 这样的问题也存在于内蒙古特别是贫困县职业教育之中，职业教育没有真正在扶贫攻坚中发挥"最后一公里"的应有作用。如中等职业教育是全区贫困县乡村学生多元成才的一个重要路径，但与贫困人群的第一需求尚有较大距离。对他们而言，学历的提升是保证温饱以后的发展愿景，而教育首先应帮助他们学会生存。贫困县中等职业教育不仅涉农涉牧的内容有限，生产生活似乎也和学生的理想没有什么关联。大家好像都只有一个念头，就是远离家园到城市才能"有尊严"地生存。③

五是贫困人口接受培训档案不够详细，还需进一步核实和甄别，以实行有针对性的培训，某些贫困人口甚至没有户口，还要重新建立档案。因为交通或地域的原因，还有一些有意愿参与培训的贫困人口未能及时得到职业技能培训。④ 一些农牧民脱贫培训也存在走过场、"代训"现象。农牧民反映不仅没有效果，反而浪费钱财。

三　乡村教师队伍治理亟须善治

1. 结构性治理存在的问题

乡村教师身处国家和自治区行政序列中的最末环，由于内蒙古自治区城乡发展空间、待遇、环境等存在巨大的差异，导致全区乡村教师结构性问题，主要表现在：主课教师相对饱和，辅课教师相对缺乏；老龄教师相对较

---

① 郭延生：《职业教育，别总把企业当乙方》，《光明日报》2016 年 2 月 16 日。
② 俞可：《高失业率倒逼欧盟职教改革》，《中国教育报》2015 年 11 月 22 日。
③ 程方平：《农村娃多元成才要从"三农"破题》，《中国教育报》2015 年 11 月 25 日。
④ 《办好职业教育 实现精准扶贫》，《中国青年报》2016 年 3 月 14 日。

多，年轻教师相对较少。个别教学点要么语、数、外语、音、体、美等课程全部由一位包班教师完成，要么在校学生少，教师配备少，很难按照国家课程方案配齐所需学科教师。没有好的教学质量，好的生源就从贫困地区外流到县城乃至别的地方，进而形成恶性循环，困扰着贫困县乡村教育的发展。

为了解决这一问题，国务院办公厅 2015 年 6 月印发的《乡村教师支持计划（2015—2020 年）》，强调推进"县管校聘"改革。教育部公布了首批 19 个义务教育教师队伍"县管校聘"示范区，到 2020 年在全国落实推广。"县管校聘"在实施过程中也存在编制人事放权难、县级财政支持难、学校教师认可难、配套措施跟进难等四大难点。[①]

2. 招录条件太高

研究发现，影响大学生基层就业意愿的因素主要有两个方面："激励因素"和"排斥因素"。"激励因素"主要指政策的优惠，而"排斥因素"则主要集中于个体层面，包括学历、性别、家庭收入、工作预期和个人能力素质等，这些因素既可能产生激励的因素，也有排斥的因素存在。就学历而言，对于专科生是激励因素，而对于本科和硕士、博士生则更多的是起到排斥作用。低收入家庭的毕业生更愿意到基层就业，而家庭收入高的毕业生更愿意选择在城市中立足和发展。基层就业项目的竞争性也使得一些认为自己不够优秀的毕业生打了退堂鼓。[②] 具体到内蒙古自治区乡村教师招录来看，并没有根据乡村学校特别是贫困县乡村学校的实际情况，招考标准"一刀切"，人为地拔高招考标准，本来只需要高中生，却硬要招本科生且是师范专业的。结果，想当教师的没有资格报考，够条件的又不想报考，即使考上了也是"骑驴找马"，要么跳槽，要么磨洋工。

特岗教师在孩子们眼里不仅是知识的传授者，更是留守儿童的精神寄托，还是智力扶贫的引导者。但存在的问题是：特岗教师招考条件太高，人岗不匹配。如《关于做好 2015 年内蒙古自治区农村牧区义务教育阶段学校教师特设岗位计划实施工作的通知》提出招聘对象：一是普通高等院校毕业的内蒙古生源；二是参加"大学生志愿服务西部计划""三支一扶计划""大学生村官"服务期满并考核合格和参加过 3 个月"国培计划"顶岗实习的师范院校毕业生，同等条件下优先录用。在岗"特岗教师"或国家在职

---

① 张旺：《"县管校聘"难题咋解》，《中国教育报》2015 年 9 月 2 日。
② 杨平：《什么影响着大学生到基层就业》，《光明日报》2015 年 8 月 11 日。

在编的公职人员不能报考。报考条件有以下六点。一是学历要求。全日制普通高等院校的应届本科及以上毕业生；年龄在 30 周岁及以下的全日制普通高等院校往届本科及以上毕业生；近五年毕业的全日制普通高等师范院校师范教育类专业专科毕业生（2011 年以后毕业），可以报考小学"特岗教师"岗位。二是专业要求。所学专业应与报考岗位学科一致或相近。三是教师资格证书要求。报考者必须取得相应的教师资格证书。教师资格证书的专业须与所学专业一致或相近。四是身体条件。具有良好的身体素质和心理素质，身体健康，无传染性疾病，无精神病史，能适应教育教学工作的需要。五是教育教学能力。具有从事教育教学工作必备的能力和素质，初步掌握和运用教育教学基本理论和技能，基本胜任招聘岗位教育教学工作的要求。六是思想品德条件。拥护中国共产党的领导，坚持党的路线、方针、政策，遵纪守法，具有良好的思想政治素质和道德品质，热爱农村牧区教育事业，自觉遵守《教师职业道德规范》。[①] 2016 年，内蒙古继续实施农村牧区义务教育阶段学校教师特设岗位计划，计划招聘特岗教师 400 名。此次特岗教师的招聘条件要求本科或高等师范专科毕业；年龄不超过 30 岁；参加过"大学生志愿服务西部计划"、有从教经历的志愿者和参加过半年以上实习支教的师范院校毕业生同等条件下优先录取。新招聘的特岗教师，将优先满足连片特困地区和国家扶贫开发工作重点县村小、教学点的教师补充需求，县城学校不再补充新的特岗教师。[②] 招考条件和去年一样，没有变化。

就我们调研发现，在地点选择上，特岗教师首选县城学校任教，其次是乡镇学校任教，很少有人愿意去村小学和教学点工作。在内容选择上，特岗教师首选 3 年后的编制，以便继续当教师，其次是工资待遇，再次是支援乡村教育，还有就是工作地点离家近，此外，个别认为是无奈之举。从特岗教师的社会来源看，大多是比较优秀的本、专科毕业生；主要来自农村牧区的普通农牧民家庭；基本成长于县域范围内的乡村。同时，招考时间太晚，也严重影响大学生的报考积极性，如上述通知是 2015 年 4 月 20 日才下发，离大学生毕业时间仅差两个多月。另外，特岗教师职称评定和差别化补助不完善。特岗教师在三年服务期内不能评职称，即使服务期满正式入编的特岗教

---

① 《关于做好 2015 年内蒙古自治区农村牧区义务教育阶段学校教师特设岗位计划实施工作的通知》，http://www.nmbys.com/jy/tgjs/400.jhtml。
② 章奎：《今年我区计划招聘 400 名特岗教师》，《内蒙古日报（汉）》2016 年 4 月 7 日。

师评职称也要延迟两三年；对特岗教师来说，虽然工资补助标准有所提高，但还缺乏差异化补助标准。

2. 待遇治理存在严重问题

美国心理学家弗雷德里克·赫茨伯格提出的"激励—保健"双因素理论认为，引起人们工作动机的因素主要有两个：一是激励因素，二是保健因素。激励因素包括成长、晋升、责任、工作本身、认可、成就等方面，能够为员工带来满足感并且增加工作积极性。"保健因素"包括安全保障、地位、薪金、工作条件、与上级的关系、监督、行政管理制度等。① 有调查显示，如果工资达到 4001～5000 元，88.07% 的大学生都愿意到乡村从事教育工作。② 但在我国很多地区越是没人愿意去的地区，待遇就越低。主要原因在于政府依然停留在"公益行动 1.0 版"的思维中，仅仅是出于对他们处境的同情，进行一些帮扶性的政策补助，并未在保障乡村教师的待遇和职业荣誉感的基础上做出制度设计。③ 与此对应的是，全区乡村教师特别是贫困县乡村教师待遇实在太低。就《实施办法》看，让人感觉"提劲""激动"的内容不多，待遇提升的力度不大，"真金白银"还是不多。乡村教师被誉为"手执金钥匙的人"，看得见金子却得不到。

一是工资方面。如果全区乡村特别是贫困县没有大批优秀教师，教育扶贫就是空谈。目前，全区乡村教师最需要的是令人羡慕的工资。再看《实施办法》规定："各地区要依法依规落实乡村教师工资待遇，依法为乡村教师缴纳住房公积金和各项社会保险费，保障义务教育学校乡村教师平均工资水平不低于当地公务员的平均工资水平。"④ 与以前的标准没有变化，也没有具体规定各地区如果不依法依规去做的处罚办法，乡村教师还是一个弱势群体。显然，并不是没有财力，也不是没有文件依据，而是创新勇气不够，没有大胆的创新性政策措施，对乡村教师的作用认识不到位所致。若再不大幅度提高乡村教师工资，第一，可能会有更多优秀教师在好的机遇面前告别教师队伍，更会降低准教师们对教师职业的认同感。⑤ 第二，导致的最严重

---

① 杨平：《什么影响着大学生到基层就业》，《光明日报》2015 年 8 月 11 日。
② 廖德凯：《培育农村教育发展的珍贵"水土"》，《中国教育报》2015 年 12 月 14 日。
③ 陈先哲：《乡村师资建设应从"支教"转向"资教"》，《中国教育报》2015 年 12 月 16 日。
④ 《内蒙古自治区人民政府办公厅关于印发乡村教师支持计划（2015 年—2020 年）实施办法的通知》，《内蒙古自治区人民政府公报》2016 年第 3 期。
⑤ 于珍：《"状元县"教师跳槽当警察释放什么信号》，《中国教育报》2015 年 8 月 14 日。

后果是使他们所教的学生都会觉得他们是社会的失败者，并不断强化读书无用的逻辑。① 第三，严重阻碍了教育扶贫工作的开展，效果也大打折扣。

二是补贴方面。《实施办法》提出："依据自治区党委组织部、人力资源社会保障厅、财政厅《关于全区苏木乡镇机关事业单位工作人员实行苏木乡镇工作补贴的通知》规定，落实乡村教师工作补贴。"② 这一规定至少存在两个不足：一是"落实乡村教师工作补贴"而不是增加，导致补贴增加的"路"被堵死，而其规定的苏木乡镇工作补贴起点为每人每月 200 元，保底不封顶。③ 对于乡村教师来说，补贴的起点还是太低。第二，没有考虑乡村教师的工作地点、工作性质与工作任务的特殊性，有"一刀切"之嫌。

三是建立乡村教师重大疾病救助制度存在不足。《实施办法》提出的"在现行制度框架内，各地区要结合自身实际，将符合重特大疾病救助条件的乡村教师纳入救助范围"④ 力度不大，没有比较好地解决乡村教师因病致贫的问题。

四是加大落实乡村教师荣誉制度的力度不够。《实施办法》指出："各级人民政府应加大对乡村教师的表彰力度。自治区按照有关规定将对在乡村学校从教 20 年的教师颁发荣誉证书。各盟市要对在乡村学校从教 10 年以上的教师颁发荣誉证书予以鼓励。"⑤ 既没有对相应的物质奖励如奖金做出具体规定，也没有对在乡村学校从教 30 年的教师颁发荣誉证书进行规定。

五是乡村教师职称评审倾斜不够。《实施办法》提出："乡村教师评审专业技术资格时不作外语成绩、发表论文的刚性要求，坚持育人为本、德育为先，要注重师德素养，注重教育教学工作业绩，注重教育教学方法，注重教育教学一线实践经历。城镇中小学校教师晋升副高级以上专业技术资格，应有在乡村学校或薄弱学校任教一年以上的经历。"⑥ 如果没有相关的辅助措施做保障，效果会大打折扣。我们调研发现如下问题。

---

① 李涛：《乡间底层孩子的日常抗争》，《中国青年报》2015 年 8 月 17 日。
② 《内蒙古自治区人民政府办公厅关于印发乡村教师支持计划（2015 年—2020 年）实施办法的通知》，《内蒙古自治区人民政府公报》2016 年第 3 期。
③ 李鹏新：《创新基层党建 助力全面小康》，《党建》2016 年第 2 期。
④ 《内蒙古自治区人民政府办公厅关于印发乡村教师支持计划（2015 年—2020 年）实施办法的通知》，《内蒙古自治区人民政府公报》2016 年第 3 期。
⑤ 《内蒙古自治区人民政府办公厅关于印发乡村教师支持计划（2015 年—2020 年）实施办法的通知》，《内蒙古自治区人民政府公报》2016 年第 3 期。
⑥ 《内蒙古自治区人民政府办公厅关于印发乡村教师支持计划（2015 年—2020 年）实施办法的通知》，《内蒙古自治区人民政府公报》2016 年第 3 期。

第一，乡村教师职称评审不是标准能否达到的问题，而是达到标准的人远远超过相应的职称数量，现在又降低两项要求，合格的人肯定会更多，"职称拥堵""僧多粥少"的现象势必更加严重。更严重的是教师职称是按照岗位设置，以名额指标来评职称，一些学校因为超标而长期无法评职称。

第二，没有解决职称评审新标准如何制订、如何公平地进行等问题。如果标准不公、过程不公，自然难以达到期望的公平效果。职称评审制度更多的是行政权力的意志体现，行政权力过度主导的评审很容易异化为权力游戏。模糊地说注重师德、实绩和实践经历，人为操作空间太大，难以服众。① 调研发现，乡村教师对职称评审的过程不公反映最为强烈。职称评审有公平的外衣和失衡的"里子"，实际上是学校和教育局领导决定，存在行政力量干预多、暗箱操作严重的现象，成为拉关系、走后门的温床，出现一个比任何"门"更难跨越的"领导门"。② 同时，评审专家的门槛设置、组织选择等关键环节一旦操作不当，同行评审就会流于形式。

第三，评聘分离问题。理论上讲，应是合格多少，就评聘多少，但现在是评上的人多于岗位数量。《实施办法》没有提出这一问题，实际上乡村教师对此非常不满。以前，教师一评上职称就能获聘，并马上享受相应技术岗位的工资，从一所学校调到另一所学校待遇也会一直跟着走。但现在由于岗位设置过少，导致不少人即使费了九牛二虎之力评上了职称，但因为没有被聘，也就享受不到相应技术岗位的工资。

六是乡村学校岗位管理制度不完善。《实施办法》包括三个内容，都存在不完善的地方：第一，"各地区要落实乡村学校与城区同学段学校高、中级专业技术岗位结构比例相同的政策"③。这样的政策无法鼓励乡村教师积极性，也不能鼓励城区教师到乡村学校工作的积极性，更无法缓解乡村学校职称数量严重不够的情况。特别是高、中级专业技术岗位数量有限，乡村教师评上中级职称的比例不高，评上高级职称（副高级和正高级）的更是微乎其微。第二，"按照'人力资源社会保障部门总量控制，教育部门动态调配'的原则，在人力资源社会保障部门核定的教师专业技术岗位总量内，旗县（市、区）教育部门根据学校教学需求、教师变化等情况，统筹分配

---

① 魏海政：《中小学教师职称改革红利究竟有多大?》，《中国教育报》2015 年 9 月 9 日。
② 董洪亮：《以改革造就更多中小学教育家》，《人民日报》2015 年 9 月 11 日。
③ 《内蒙古自治区人民政府办公厅关于印发乡村教师支持计划（2015 年—2020 年）实施办法的通知》，《内蒙古自治区人民政府公报》2016 年第 3 期。

调剂使用，并预留一定比例的高、中级专业技术岗位，专项用于校长教师交流工作，鼓励城镇优秀校长教师到乡村学校任职任教"①。如果处理不好，势必会占用乡村学校的名额。第三，"对于在乡村学校教学一线连续从事教育教学工作满 25 年，取得高、中级专业技术资格，且当年年底距法定退休年龄不足 3 年的紧缺学科优秀教师，可不受学校专业技术岗位数的限制聘用到相应岗位，以鼓励优秀乡村教师长期在乡村学校从教"②。规定的限制性条件太多，无益于整体调动乡村教师积极性，现实意义不大。

七是生活条件较差。乡村教师 2～3 人一个房间、没有厨房、自来水、厕所、洗澡间，信息也非常匮乏。尤其是特岗教师、支教教师、志愿者的条件，更是有待改善。

八是培训存在的问题。作为乡村教师的最大福利之一，乡村教师培训规划没有认真倾听被培训者的意见，存在"假大空"的现象。实施中，专家来自一线的优秀教师少；集中培训多，网上培训多，深入乡村学校培训少，培训内容针对性不强，严重脱离实际，少数教师甚至认为是浪费时间和精力，纯粹是搞形式主义。事后考核也存在问题，不是以培训效果为标准。

九是隐性任务重。我国基础教育普遍实行行政治校，教师经常被各种行政评价、行政评估所左右。乡村教师的压力主要来源于教学压力和非教学压力，其中，非教学压力最严重。③ 结果，内蒙古自治区许多乡村教师特别是乡村寄宿制学校教师上课是老师，下课是厨师，晚上是保姆，假期是家长，身兼 N 职，无论学生什么事都要操心，一旦学生出事，就会被追责，长期超负荷工作，身心疲惫，自身健康得不到保障。学生的安全和健康问题，是寄宿制学校教师最担心的事情。在大多数寄宿制学校，每学期开学初，父母们把孩子送到学校后，就外出打工。平时，这些寄宿在学校的孩子只要头疼脑热，不论数九寒冬，还是深更半夜，教师都得马上把学生送到医院，还可能因此带来意想不到的"麻烦"和额外负担。由于平时经常带班里学生看病，为生病的孩子垫付医药费，虽然每次金额不多，少的几十元、多则上百

---

① 《内蒙古自治区人民政府办公厅关于印发乡村教师支持计划（2015 年—2020 年）实施办法的通知》，《内蒙古自治区人民政府公报》2016 年第 3 期。

② 《内蒙古自治区人民政府办公厅关于印发乡村教师支持计划（2015 年—2020 年）实施办法的通知》，《内蒙古自治区人民政府公报》2016 年第 3 期。

③ 陶魏斌、毛丽萍、毕良宇、杨露、陈彦琳、姬林：《教育之惑》，《现代快报》2015 年 9 月 13 日。

元，但一个学期累积下来，相当于每年少拿几个月工资。虽然每学期都能见到学生父母一两回，但每次见面，都不好意思主动向家长提医药费的事。久而久之，成为不小的负担。无奈之下，个别教师想了个办法。在新学期开始的家长会上，向家长提议，每个孩子每年预交 100 元作为应急之用，年底时若没用，就统一返还家长。没想到立即遭到家长反对，并被家长们以"乱收费"为名告到学校。①

3. 分流、退出和上升治理能力存在问题

基于以下四个现实原因，提出乡村教师分流、退出机制这一问题。

一是随着义务教育普及，全区即使是乡村基础教育发展已由量的扩张进入质的提升的新阶段，教师"有数量"但"结构不合理""不合格"的问题日益凸显。就我们对内蒙古自治区一些贫困县乡村学校调研发现，这些学校至少存在 20%以上的结构不合理教师，至少存在 5%以上的不合格教师，影响了教学质量的提升。

二是在现有编制标准下，一些贫困县乡村教师总数已满编甚至超编。一些结构不合理、不合格人员长期占据教师岗位，无法腾出编制补充需要的教师，制约着教师队伍质量的整体提升。

三是聘任制流于形式，教师职业依然是一个"铁饭碗"。除了违法乱纪以及师德出现问题之外，因工作不胜任被解聘的几乎没有，结构不合理教师被解聘的更是从来没有发生过。

四是干和不干、干多干少差别不大。同等层次的教师，工资福利待遇差别很小，绩效工资制实施效果并不理想。在这种状况下，部分教师安于现状，没有压力也缺乏动力，教学积极性不高。②

此外，关于乡村学校优秀校长、优秀教师的流动机制，通常的做法是调到乡镇，调到县城，调到市、自治区。长期以来，内蒙古自治区乡村学校事实上承担着为城市学校培养培训教师的职责，乡村教育体系仅仅作为"人才抽水机"而存在，是整条教育生态链中价值位阶上的"最末端"。③ 虽然这也符合许多优秀校长、优秀教师的愿望，但这种"掐尖"办法产生的消极后果非常严重。一是导致乡村学校总是缺乏好的管理者和好老师，教育扶

---

① 柯进：《寄宿制学校教师渴望卸下"无限责任"》，《中国教育报》2016 年 3 月 7 日。
② 杨卫安：《教师"铁饭碗"能打破吗》，《中国青年报》2016 年 3 月 28 日。
③ 李涛：《政策误区让农村教师岗位成过渡》，《中国青年报》2015 年 9 月 21 日。

贫的效果总是无法可持续。二是给乡村社会、教师、学生的印像是：这些优秀校长、优秀教师有本事，而留下来的都是没有本事的甚至是失败者。三是这些优秀校长、优秀教师中的大多数的根和舞台实际上就在乡村，他们之所以能够做出突出成绩，就是因为他们身在乡村。一旦让他们向上流动，虽然各个方面的条件能够得到较大改善，但在人才济济的上层能否继续得到重视、继续发挥在乡村学校那样大的作用，就不得而知。实际上，就我们追踪调研发现，乡村优秀校长、优秀教师一旦上调，就失去了展示自己的原有舞台，不少人逐渐变得平庸、默默无闻。

四　高校贫困生帮扶与发展能力培养不足

高校扶贫是教育出口扶贫，也是见效最快的扶贫。走出了大学校门的贫困学生在自我发展能力及回报家庭能力上来讲，都会形成质的飞跃。高校扶贫也可以理解为教育的出口扶贫。在我们访谈学生和走访调研高校的过程中，还是发现高校扶贫中存在着一些问题。也就是说目前的高校扶贫效果还有很大的提升空间。存在的问题主要是受教育者所受教育与其智力水平不相符合，从而减少了他们充分发展其个性与潜能并被社会所接纳的机会和成功的机会。特别是对于用民族语言文字授课的大学生来讲，"入口旺"已经不是问题，但真正做到"出口畅"还有很大距离，也就是说在出口上存在着一定的障碍，这是民族教育扶贫最大难题之一。

1. 贫困大学生融入难、学业难、就业难问题存在

少数民族贫困学生受益于民族教育政策的倾斜、帮助、扶持等优惠政策顺利进入大学，却面临着融入难、学业难、就业难等适应性问题。

融入难。融入难主要是指大学生适应性问题。进入大学以后，适应新的学习环境、学习方法等存在难度的现象很常见，有些人还难以适应新的人际关系、管理方式等。作为高校思政课老师，笔者每年都会发现在大学新生当中很多人都存在适应困难问题。从一个相对封闭的狭小的环境里走出来的学生，哪怕是特别出色的学生也可能在大学里产生失落。而对于哪些来自贫困地区、贫困家庭的学生来讲，学业压力、人际交往压力等都是很难避免的。

访谈对象：傲某某

访谈地点：通辽市科左后旗

访谈时间：2018 年 2 月 5 日

我家住通辽市科左后旗海斯该，现在是东北师范大学学生。我从小学到高中，在班级里都是十分出色的学生，基本上就没出过前五名，还一直是学生干部。但是，到了大学以后，我感觉到自己和其他同学的差距还是很大的。首先，我从小是用蒙古语蒙古文接受教育为主，虽然后来的双语教育让我的汉语水平提高很快，但是，进入大学以后真正用汉语汉文学习，还是感觉有点吃力，和班级里其他地区其他民族的学生比还是有差距。还有，我从小就学英语，但是，考大学的时候考的是汉语，所以在英语上用的功夫不多，所以，上了大学以后，感觉自己的英语水平真是太差劲了，和其他同学根本没法比。写不了说不了听不了，现在这是我最大的困难。还有就是以前我一直是学生干部，但是，上了大学以后优秀的人真是太多了，我根本就不敢去竞争任何职务，演讲啥的我特别有心理障碍。我现在才知道什么叫山外有山、人外有人了。

学业难。学业难主要是因为素质扶贫尚未被重视。进入大学后，不少来自贫困县、贫困乡村的学生感到自卑、迷茫。与城市学生相比，乡村学生有一些明显劣势。"文科学生差距主要体现在阅读量、知识面上，理科学生主要体现在对信息技术与手段的掌握上。差距会慢慢缩小，因为绝大多数农村学生都非常努力、自强，但是他们一定需要付出比城里学生更多的努力。""他们在规划未来时，无法完全遵从自己的爱好，心里都埋藏着要尽快承担家里经济负担的自觉使命感。"[1] 随着扶贫工作的深入，高校对贫困学生的救助力度不断加大，途径也不断增多。虽然经济问题基本上得到解决，但素质贫困，如能力贫困、技能贫困、交际贫困、心理贫困等仍然纠缠其身，成为许多农村牧区大学生的心病。

访谈对象：乌某某格
访谈地址：呼伦贝尔大学
访谈时间：2018 年 4 月 20 日
我是呼伦贝尔大学学生一年级学生，今年 20 岁，蒙古族，家住呼伦贝尔市新巴尔虎左旗乌布儿宝力高苏木乌兰诺尔嘎查。在我很小的时

---

① 赵婳娜、杨宇潇、张建铭：《好大学里的农村生能再多些吗》，《人民日报》2015 年 11 月 20 日。

候父母就离异了。虽然我的户口和爸爸在一起，但生活却是跟着妈妈。后来，妈妈再婚了，继父是乌兰浩特过来的，现在家里有了一个 4 岁的弟弟。家里的草场在我很小的时候就被父亲抵押给了别人，抵押要到我 38 岁的时候才会到期。而继父因为是外地人，没有草场，家里的生活只能靠他和母亲给别人放羊维持。家里的 100 多只羊也要带到雇主家的草场上去放牧，因此，一个月 5000 元的工资就剩下了 4000 元了。我爸爸爱抽烟、爱喝酒，喝多酒了还会打人，加上身体也不好，到现在也没能再成家。去年住过医院。贷款很多。以前住的蒙古包卖给别人了，他就住在打工的雇主家。在家族里，父亲的两个兄弟也喝酒，但是喝得要轻些，日子也都可以。父亲平时基本不联系我，他的一些情况都是我从姑姑那里获得的。读高中的假期，我打工的时候爸爸来跟我要过钱。现在假如他有一笔钱，我判定他是不会去发展生产而是会拿去喝酒的。但是，因为他是我的爸爸，所以我不恨他，只是有点可怜他、心疼他。我们家现在住在蒙古包里。有时候雇主家嫌蒙古包搬来搬去麻烦，我们就住在他们家里。不过我还是喜欢住在自己家的蒙古包里，起码感觉这是在自己的家里。

考上大学以后，政府给了我 1000 元钱。6000 元钱的学费全部靠贷款。在学校里我有困难补助，每年 2000 元钱。我从高中开始，一放假回家住上两天就出来打工。现在还在做微商，生意还行，能补贴我上学的费用。我文字聊还是很好沟通，就是不爱说话。我现在最大的希望是家里的生活能一点点好起来。我舅舅肠子里长了东西，很严重。姥姥到处借钱给他看病。嘎查里的人一直都很排挤妈妈，嘎查有微信群都不加妈妈。可能是因为父母两人离婚后一段时间妈妈给别人放羊没有家，也可能是因为叔叔是外地人吧。弟弟今年 4 岁了，开始上幼儿园，家里的开销就大了。这几年羊不值钱，秋天卖羊羔有时候每只只能卖 200 多元钱，今年好点，每只能卖 600 多元钱。我毕业以后想在旗里找个工作，想考公务员。但是上学期家里出了一点事，请了半个多月假，期末考试的时候三门课没有及格。今天下午老师在班级微信群里发了综合测评的排名，我是倒数第一，心里很难过。一门课不及格扣 3 分，三门就是 9 分，真怕以后会跟不上其他同学。

在访谈中笔者观察到乌同学性格内向，很胆怯、羞涩，说话的声音很小，整个访谈的过程中一直都处在十分紧张的状态，而且几度落泪，只能用零食和水帮助她平复心情继续访谈，是一个让人心疼的女孩子。在访谈中发现，这个孩子十分善良，她心疼嗜酒如命甚至有暴力倾向的父亲，对继父的养育之恩心存感激，对同母异父的弟弟疼爱有加，面对自己家生活的压力，却在担心着舅舅的病情。这个女孩子虽然柔弱，但是，有着与困难抗争的勇气，甚至从高中起就能打工补贴家用，上大学以后还可以尝试微商，减轻家里的经济负担。而且，这是一个对未来有规划的姑娘，她在大一的时候就已经有了未来的发展方向，对学习有着极强的渴望，面对期末考试的不理想，表现出了极大的不安。同时，我们也发现她遇到的学习上的困难还没有解决，也没有发现来自教师和同学们的辅导和帮助。

对于少数民族语言文字授课的学生来讲，在语言表达与人际交流之间本身就存在缺陷，加之性格内向、家境不好、父母离异等，都可能是导致乌同学自卑、胆怯不善沟通的因素，应该引起学校及班主任学生工作部分的关注。

就业难。就业难也即出口不畅，出路少。虽然内蒙古自治区采取了一系列措施，但并没有从根本上解决农村大学生特别是贫困大学生的出路，他们的就业难度相对较大，已成不容回避的问题，而针对贫困生的就业指导精准度不高。如果贫困大学生无法找到工作，他们生存的压力就会继续落到父母身上，家庭贫困状况将更加恶化。下面这个案例也反映了学生家长对小孩毕业后就业的担忧。

访谈对象：刘某

访谈地点：扎鲁特旗格日朝鲁苏木恩和敖宝嘎查

访谈时间：2017年12月15日

我家住扎鲁特旗格日朝鲁苏木恩和敖宝嘎查，今年54岁，一家4口，有两个孩子，一儿一女先后都考上了大学，已是大三、大四。我家是嘎查里的精准扶贫户，致贫原因是因学致贫，两个孩子的开销，合在一起每年都超过2万元。家里虽然养点羊，但连续几年羊肉价格下跌；加上要放牧就无法离家打工。旗政府决定针对此类情况，发放专项资金扶持孩子们的学业顺利完成，每生每年补助5000元；加大助学贷款发放力度。专科、本科生每人每年5000~8000元，可滚动使用直至毕业，保证孩子们在上学期间不会因学费而放弃学业。尽管如此，我心里还是不踏实，最担心的是孩子们毕业以后的出路，因为周围的人家已经有读书的孩子找不到合适的工作回到村里，如果是这样，供孩子的钱就白花了。

2. 部分贫困生接受双语教育效果不佳

访谈对象：白某某

访谈地址：呼伦贝尔大学

访谈时间：2018 年 4 月 13 日

我家住鄂温克旗希尼河镇好利宝嘎查，就读于呼伦贝尔大学，今年上大学三年级。我爸爸是城镇户口，妈妈是牧区户口，所以，我和爸爸在一个户口本上，妈妈和哥哥在另一个户口本上。11 年前，患有高血压、脑血栓病的父亲去世了，那年他刚刚 42 岁。父亲去世后，我开始享受低保户待遇，一个月有 530 元。妈妈是牧民，今年 50 岁，家里有 80 头羊、20 头牛，有 700 亩草地。因为草场少且连年干旱，每年都要花不少钱买草。卖羊卖牛的钱除了日常生活开支，基本上都买草了。妈妈有很重的类风湿，每到春季腿、手就特别疼。哥哥从小就是残疾，脑积水，手术两次也未痊愈，右手和右腿行动不便，只能做简单的劳动。哥哥离不开妈妈，因为他经常会犯病抽搐，情绪激动就会晕倒。现在，哥哥享受残联的补助。我家现在住在爷爷留下的房子里。最大的难题是没收入，日子都是靠贷款维持，生活压力很大。由于我家表面上看有羊、牛，村里的帮扶形式都享受不到，但没有劳动力又比较困难。尤其是妈妈，如果能得到帮扶，压力就会小一点，也可以安心接受治疗。目前，我上大学的费用，一部分是靠低保的 500 元，课余时间就打点小工。学费靠助学贷款，每年 8000 元。由于经济负担重，毕业后考研是不可能了，我想找个工作，如果可能想当老师。

就笔者观察，白同学性格开朗、上进、有责任感，但由于是蒙古语授课，汉语交流有障碍，成绩一般，也不是学生干部。该校也知道他家的情况，但由于种种原因，并没有在经济、学业、心理等方面开展帮扶措施。《内蒙古民族大学学生成长评价报告（2017）》显示，2017 年，内蒙古民族大学 2016~2017 级有 70% 的大四学生在本学年遇到心理健康问题，与 2015~2016 学年（64%）相比呈现上升趋势。从大四学生压力方面看，73% 的学生首先面临"就业压力"，其次是学业压力（34%）、经济压力（32%）、考研压力（31%）。从院系层面看，蒙古学学院、数学学院就业压力最大，均为 85%，蒙古学学院大四学生就业压力大的最主要原因是"所学专业市场需求量小"（47%），比年级平均水平（28%）高 19 个百分点；数学学院大四学生就业压力大的最主要原因是"社交能力、沟通能力不强"（45%），比年级平均水平（34%）高 11 个百分点。学生急需学校精准施策，帮助学生解决这些问题。

> 访谈对象：鲍某某
> 访谈地址：内蒙古民族大学
> 访谈时间：2018 年 4 月 1 日
> 我家住赤峰市翁牛特旗乌丹镇布日敦嘎查一组，虽然我家有几十只羊，但养羊不值钱，家里真的挺困难，前年夏天，姐姐跟我说，为了多给我攒点生活费，一个春天父母在家只吃咸菜，想到这些我心里真难受，很恨自己没能力照顾父母，还让父母受苦。每次给我钱的时候都要找别人借钱，因此，每当我没钱的时候，都没脸给家人打电话。学校给了我困难补助，一年 3000 元。我希望能快点毕业，找到工作，这样家里的负担就轻了。

就笔者访谈并通过辅导员了解到，鲍同学成绩中等，性格开朗、活泼。但近几年蒙医药学院就业压力较大，2017 年，就业压力达 60%。蒙医专业好些，蒙药专业就业更困难。学蒙医的学生比较少，学生一般大学毕业就考研究生，这样出路更好些。其余的改行比较多，就业压力较大。鲍同学如果毕业后想找到满意的工作，除了自身刻苦学习、努力提升素质外，别无其他捷径可寻。

3. 高校教育扶贫资金流失，助学不公现象时常发生

教育扶贫是党和国家为消除贫困而采取的一项行之有效的扶贫措施。大量的人力、物力、财力投入其中。但是，在实际操作过程中，还存在着教育扶贫资金不同程度、不同方式流失的现象，削弱了教育扶贫的功效。

一是"真假贫困生"问题。近年来，大学生助学金遭"假贫困生""偷食"现象时有发生，致使助学不公平。同时，大学生助学贷款也面临同样

的问题。为此，"划定贫困线""演讲比贫""吃得好或无缘助学金"等新闻屡屡出现在高校贫困生的认定工作环节，如何甄别"真假贫困生"，让有限资源"用在刀刃上"，俨然成了全国高校和内蒙古高校的一道难题。

第一，"真假贫困生"难辨，表面上看，是学校与学生、家长两方的事情。实际上不尽然，还有一个监管主体即村、组（社区）领导。身为辖区的"父母官"，他们对学生家庭情况最为了解，也最有发言权。但由于种种原因，他们中的少数责任心不强，治理力差，对学生申请材料不经核实，随意盖章开证明，个别的甚至和学生家长一起造假瞒报。

第二，高校扶贫具体实践的过程中存在问题。对于高校贫困学生身份的界定来讲，审查责任在高校相关部门身上工作人员肩上。学生们来自四面八方、数量大，甄别精力、渠道有限，基本上是无法全面真实掌握学生家庭的财务信息的。更重要的是，少数高校扶贫工作人员在贫困生身份鉴定的时候存在明显的不作为行为，没有家访，没有发函对学生的高中生活状况进行调研，也没有对学生开展相关教育。就我们调研发现，一些"假贫困生"实际上并不想造假，往往是其家长利欲熏心，才出现了"假贫困生"。相反，一些"寒门学子"由于担心暴露家庭情况等，虽然经济困难却不提交申请书。

第三，没有第三方介入。校方无力复查，相关部门也没有请第三方机构帮助。

第四，对"假贫困生"基本上没有处罚。高校的一般做法是："如果的确属于'假贫困生'，将从贫困生名单中剔除，让助学资源物尽其用。"① 造假不仅没有损失，一旦成功反而可以获利，何乐不为？这也是"假贫困生"特别是其家长、相关责任人造假的根本原因。

五　教育服务贫困地区存在问题

习近平总书记曾在"怎么扶"的问题上强调实施"五个一批"工程，其中之一就是"发展教育脱贫一批"，赋予了教育重要使命。教育服务贫困地区，首当其冲表现为高校参与精准扶贫，这对于高校把自身的人才、智力、科研等优势与地方经济发展精准对接，全面提升地方的教育、文化、科

---

① 李伟：《"贫困生认定"要不要看餐桌饭碗？——高校助学金评定引发的疑问》，《中国教育报》2015 年 10 月 17 日。

技发展水平有着十分重要的意义。特别是通过分类帮扶贫困群众的"造血式"扶贫，更有利于增强贫困群众发展生产的能力，对教育扶贫实践意义重大。在精准扶贫十大工程中，高校优势与其中的职业教育培训、电商扶贫、致富带头人创业培训、龙头企业带动等多项工程的要求契合。2013年，教育部、发展和改革委、财政部、扶贫办、人力资源社会保障部、公安部、农业部等多部门制定的《关于实施教育扶贫工程的意见》明确提出要提高高等教育服务区域经济社会发展的能力。高校参与精准扶贫是落实党和国家重大决策部署、推进我国全面建成小康社会进程的必然要求。

位于内蒙古自治区首府的内蒙古师范大学充分发挥高校科研优势，为助力内蒙古农牧区脱贫付出了很大的努力。2017年3月内蒙古师范大学再建高端智库，与内蒙古自治区扶贫办公室签订合作框架协议书，确定双方将合作建立"内蒙古师范大学扶贫与发展研究院"（以下简称研究院），努力打造有专业的、以扶贫工作实践为基础又可以指导扶贫工作的理论研究团队。

"产业扶贫"与"智慧扶贫"双轨推动精准扶贫。2015年，内蒙古师范大学为红旗庙嘎查捐助了37台液晶显示屏电脑，投资10万元建成了20M的宽带网络，光纤入户让家家看上了有线电视，通上了互联网。红旗庙嘎查成为乌兰察布的宽带第一村，这不仅为村里的信息化建设打下了基础，也为今后的管理创新、教育升级、脱贫致富提供了有力的支撑。2017年，为发展壮大察右后旗红旗庙嘎查的旅游产业，增强"牧家游"的接待能力，内蒙古师范大学投资10万元捐建了15座蒙古包，把蒙古包作为村集体经济发展的载体，由大户经营，每年每个包1000元的收入作为集体经济收益，用集体经济收入的一部分"反哺"嘎查贫困户。

"扶贫先扶智，治贫先治愚。"为真正帮助当地群众脱贫，变被动为主动，内蒙古师范大学充分发挥教师教育的优势和资源，从教师教育、教学资源、助学帮扶等多方面为察右后旗的基础教育提供了帮助。2017年，内蒙古师范大学继续教育学院相关负责人分别带领呼和浩特市和包头市的15名教研员、一线教师及一线校长来到察右后旗白音察干镇开展"送教下乡"活动，进入白音察干第一小学、明德小学及察右后旗幼儿园教学课堂进行实践指导，文学院还派了90名本科生分别到察右后旗一中、三中、风华中学进行为期一个月的实习并作为学校实习基地进行长期的帮扶合作。

2017年1月，内蒙古师范大学"精准扶贫教育支持计划实施方案"出台。主要措施包括：以优化乡村教师队伍结构为重点，做好师范生到乡村任教、特岗教师、农村硕士的培养与到农村任教工作；实现"同频互动"课堂建设，展示优质课，将附属中学优质教育资源通过网络同步传输到农村牧区学校，实现城乡学校同上一节课，确保优质资源共享；学校重点培育和建设一批服务于贫困旗县的优势特色产业发展的学科和专业，助推贫困旗县的经济与教育发展；主动对接扶贫点实际需求，有针对性地开展技术服务和培训；进一步做好贫困家庭毕业生精准摸排工作，动态掌握贫困家庭毕业生就业创业需求，有针对性地提供就业创业指导服务。对就业困难学生实施"一对一"帮扶。开辟贫困家庭毕业生就业招聘绿色通道，定期召开就业援助和专场招聘会，积极做好贫困家庭离校未就业毕业生指导服务；加大蒙古语授课大学生辅修二学位工作力度，着力提升蒙古语授课大学生就业创业能力，为蒙古语授课大学生的转专业提供绿色通道；加强面向贫困旗县学校的师资培养和培训工作，提升贫困旗县教师的专业素质和专业化水平；完善精准资助工作机制，健全完善我校各类家庭经济困难学生数据库，着力实现精准识别、精准资助、精准管理；通过国家奖学金、国家助学贷款、勤工助学、校内奖助学金、学费减免等多种形式，对建档立卡贫困家庭学生优先予以资助；引导社会各界捐资，多渠道筹集贫困生资助资金，积极推动社会力量帮扶贫困学生。

结合内蒙古师范大学在扶贫工作中采取和拟采取的扶贫措施，加上笔者对内蒙古民族大学、通辽职业学院及呼伦贝尔大学等高校扶贫工作的调研，笔者认为目前内蒙古自治区高校扶贫在以下各方面还存在很大的改善与提升空间。

一是自治区层面，没有出台专门政策予以规定，致使教育服务贫困地区无政策依据，学校也就没有压力。虽然各学校在扶贫方面做了大量工作，工作成绩也很显著，但也存在着效果不理想的问题，特别是高校在暑假组织学生到贫困地区开展的社会实践活动，其中有些还在贫困地区命名了一些实践基地，但效果并不明显，有的甚至是有名无实。近年来，一些高校也选派驻村干部、第一书记进行扶贫，但由于没有充分调动教职工、学生的扶贫积极性，全员全过程参与的氛围还没有形成。

二是培训方面，首先是各级各类学校设置的针对农牧民的讲座没有很强的吸引力。以针对贫困人口的就业培训为例，一方面，大多数贫困人口认为自己文化程度低，学习有难度，加上从事的多为体力工作，误以为培训作用不大，所以，参加培训的积极性不高；另一方面，虽然就业培训的投入越来越多，但存在计划性不强、培训资源整合不力、有效培训时间短、以就业为导向的培训机制还不够健全等问题，在培训主体、培训客体、培训方式、培训内容等方面存在走过场、不精准的现象，如培训内容上过于重视技能的培训，疏于人际交往、文明礼貌等方面的培训，导致培训效果并不明显、不尽如人意。

笔者对科左中旗某苏木的贫困人口做过调查，也曾经在通辽市区内走访，发现在街头踩人力车谋生的车夫大多是来自贫困地区的蒙古族农牧民。而进城务工的农牧民青年大多只能集中于建筑、餐饮服务等对文化素质要求较低的行业，一些人即使进入现代化企业也只能从事简单的体力劳动，收入低、发展空间小。对他们而言，受文化水平所限，不论是在家乡还是外出务工，都很难改变其贫困状态。一方面是因为较低的文化素质弱化了他们适应社会变迁的能力，反映在获得经济信息、把握自我发展机会等方面的低能力；另一方面则是因为较低的受教育程度带来的封闭与闭塞，直接体现为思想麻木、心理惰性严重、风险意识缺乏、独立进取精神较弱。更严重的是，教育贫困具有代际传递的特点，许多贫困家庭培育出的低文化素质的子女在长大成人后，又会重蹈父辈的贫困覆辙，并由此陷入了教育贫困的代际传递以及越贫困受教育越少、受教育越少越难摆脱贫困的恶性循环之中。① 对这一人群，开展各种培训就极其必要而迫切。但是，由于种种原因，针对他们的培训不仅少，而且有效性不够。

三是还没有形成有效的联动机制。目前，针对贫困地区富余劳动力的各种培训，只能起到为培训而培训的目的，但对于培训后的后续工作抓得不紧，不能形成有效的联动机制。比如，在通辽市的部分旗县，针对中青年妇女开展的月嫂技能培训，开展得红红火火，但是，真正能上岗工作的并不多，大部分人会拿着培训颁发的证件继续待在家里。目前，市场对月嫂的需求量很大，培训机构应该尝试在把学员推向市场的过程中承担更为重要的作用。

四是在扶贫实践过程中形成的经验还没有形成系统的理论体系，特别是根据各地区的扶贫经验，还没有形成扶贫模式的概括总结。伟大的实践需要伟大的理论，伟大的理论需要在实践中丰富和完善。对中国扶贫开发这一项伟大的事业来讲，实践已经远远走在了理论的前面，对此，各高校的科研人

---

① 张艾力：《多维文化视角下蒙古族聚居区贫困问题探析——以内蒙古自治区通辽市为例》，《内蒙古社会科学（汉文版）》2012 年第 1 期。

员应该大有作为。习近平总书记对扶贫工作的重要思想、重要观点比如"人民对美好生活的向往，就是我们的奋斗目标"，"消除贫困、改善民生、逐步实现共同富裕，是社会主义的本质要求，是我们党的重要使命"，"脱贫攻坚已经到了啃硬骨头、攻坚拔寨的冲刺阶段"，"所面对的多数是贫中之贫、困中之困"，"扶贫开发贵在精准，重在精准，成败之举在于精准"，都需要从理论上进行深入的理解和阐释，从而进一步丰富中国共产党作为执政党的、具有鲜明中国特色的社会治理理论体系。

第四章

民族教育扶贫政策体系建构

　　教育贫困是经济贫困的重要致因，也是扶贫、脱贫的严重阻力。对内蒙古农牧区贫困人口的教育扶贫来讲，首要和关键的是要下大气力充分发挥民族教育的反贫困功效。"发展教育脱贫一批"，被赋予"阻断贫困代际传递"的时代使命。扶贫先扶智，扶智先扶志，准确地概括了教育扶贫在脱贫攻坚战中的基础性地位、先导性功能和根本性作用。在脱贫攻坚战中，教育从始至终都在发挥着重要作用。从某种意义上讲，从扶贫的长期效果看，教育扶贫产生的经济效益和社会效益最大最持久，位居第一。

　　民族教育扶贫的功效由民族教育扶贫政策的实践效果决定。教育扶贫至少包括三个基本内容：对贫困地区的教育特别是乡村教育进行扶贫，补齐其发展短板，这是教育扶贫的治本之策，但重点是防止贫困代际传递，扶贫的短期效益并不明显；对贫困学生进行扶贫，这是贫困家庭脱贫最重要的途径，经济扶贫的近期作用极其显著，但缺少的是全方位全过程的扶贫；学校特别是中等职业学校、重点高中、高校等及时而尽力地对贫困地区开展各种扶贫工作，这是教育服务贫困地区的重要方面，但服务体制机制尚未完全建立，积极性不高。因此，有必要厘清内蒙古教育扶贫的现状，并在发现问题的基础上，提出近期、中期的解决之策。发挥民族教育扶贫功效，建立完善民族教育扶贫政策体系是关键。

　　民族政策是"政党（尤其是执政党）、国家机关及其他政治团体在一定时期为实现或服务于一定政治、经济、文化、社会目标所采取的政治行为或规定等的准则，是为民族发展、协调民族关系采取的一系列相关法令、规定、措施、办法、条例等的总和"。① 对发展劣势的少数民族实行补偿政策，实现其优先、倾斜发展及自我发展能力的提升是我国民族政策的基本价值取向，终极目标是逐步消除民族发展差距，实现民族平等和各民族共同繁荣。民族教育政策是中国共产党民族政策的重要组成部分。中华人民共和国成立70年，党和国家在教育经费投入、师资水平提高、学生入学就业等方面，实施了一系列的优先发展、倾斜发展政策，民族教育的快速发展是其实效性的最好体现。总结改革开放40多年来对扶贫工作影响较为直接的民族教育政策主要集中在以下几个方面。

1. 重视少数民族学生对国家通用语言文字的学习和使用，同时注重加强民族语文教学和民族文字教材建设，积极稳妥推进双语教育

虽然双语教育已经成为多元文化背景下少数民族个体成员接触、吸收主体民族文化和融入主流社会的主要途径，但跨民族、跨文化的学习加大了他们获取成功的机会成本，而且这种高代价并不一定会换回预期的结果。在通常情况下，接受"民汉"双语教育的少数民族学生获得工作的机会要明显大于单纯使用少数民族语言文字授课的同等学力学生，但是与同等学力的汉族学生竞争则大多会处于劣势。这种状况一定程度上讲是"双语"教育与"单语"教育之间不同的"代价含量"所造成的教育结果公平缺失的表现。双语教育政策的实施，对少数民族受教育者自我发展和摆脱贫困的能力的提升有着极大的促进作用。相关政策如表4-1所示。

表 4-1

年份	名　称	主要内容	制定单位
1980	《关于加强民族教育工作的意见》	凡有本民族语言文字的民族，应使用本民族的语文教学，学好本民族语文，同时兼学汉语汉文	教育部国家民委
1992	《全国民族教育发展与改革指导纲要（试行）》	"凡使用民族语言授课的学校，要搞好'双语'教学，推广全国通用的普通话"	国家教委民族地区教育司
2002	《国务院关于深化改革加快发展民族教育的决定》	"大力推进民族中小学双语教学"，"国家对双语教学的研究、教材开发和出版给予重点扶持"	国务院

---

① 金炳镐：《民族理论通论》（修订本），中央民族大学出版社，2007，第458页。

年份	名　称	主要内容	制定单位
2004	《中小学少数民族文字教材编写审定管理暂行办法》	中小学少数民族文字教材编写审定管理暂行办法	教育部
2005	《中共中央国务院关于进一步加强民族工作加快少数民族和民族地区经济社会发展的决定》	因地制宜搞好"双语"教学及科研开发，积极推广全国通用的普通话	国务院
2010	《国家中长期教育改革和发展规划纲要（2010—2020年）》	大力推进双语教学。全面开设汉语文课程，全面推广国家通用语言文字。尊重和保障少数民族使用本民族语言文字接受教育的权利。全面加强学前双语教育	国务院
2015	《中华人民共和国教育法》	民族自治地方以少数民族学生为主的学校及其他教育机构，从实际出发，使用国家通用语言文字和本民族或者当地民族通用的语言文字实施双语教育。国家采取措施，为少数民族学生为主的学校及其他教育机构实施双语教育提供条件和支持	全国人民代表大会
2015	《国务院关于加快发展民族教育的决定》	双语教育的发展目标：到2020年，国家通用语言文字教育基础薄弱地区学前教育阶段基本普及两年双语教育，义务教育阶段全面普及双语教育	国务院

2. 保障民族贫困地区儿童特别是女童接受教育的权利

国家对民族贫困地区儿童的教育，特别是对民族地区女童的教育，采取了特殊的保障政策，帮助和促进民族贫困地区教育事业的发展。

针对贫困儿童特别是贫困女童的帮助扶持，是阻断贫困的代际传递，从根源上消除贫困的有效途径。在内蒙古农牧区贫困人口中，生育观念上存在误区的人有很多。重男轻女、养儿防老等传统观念根深蒂固。以往，作为对贫困生活的本能反应，贫困人群以"多生"来抗御生活质量和保健条件低下带来的较高的婴儿死亡率。现在更多时候则将"多生"作为提高养老保险系数、改变生活状况的希望。在笔者走访的贫困家庭中，大多数家庭都生育了二胎，甚至还有生育四胎的，而惯用的类似"代小""根小""连小""根兄"等名字其实也是农牧民生育观的一种体现。"读书无用论"在贫困人口中也有很大的生存空间，因此，对贫困人口中应该接受教育的学龄儿童特别是女童的教育，不仅有利于提升受教育者的自我发展能力，也是帮助其家庭摆脱贫困最有效最持久的脱贫方式，更重要的是会对贫困起到代际阻断的作用。相关政策如表4-2所示。

表 4-2

年份	名称	主要内容	制定单位
1992	《关于对全国143个少数民族贫困县实施教育扶贫的意见》	对口帮扶143个少数民族贫困县教育发展	国家教委
1995	《中华人民共和国教育法》	重点扶持边远贫困地区、少数民族地区实施义务教育	全国人民代表大会
1996	《关于进一步加强贫困地区、民族地区女童教育工作的十条意见》	坚持依法治教，为女童创造就学条件，坚持多种形式办学等措施	国家教委
2001	《关于基础教育改革与发展的决定》	中央和省级人民政府要通过转移支付，加大对贫困地区和少数民族地区义务教育的扶持力度	国务院
2001	《中国妇女发展纲要（2001—2010年）》	重点解决西部贫困地区和少数民族地区女童、残疾女童、流动人口中女童的义务教育问题；帮助失、辍学女童完成九年义务教育，缩小男女童受教育差距	国务院
2018	《深度贫困地区教育脱贫攻坚实施方案（2018—2020年）》	提出到2020年，"三区三州"等深度贫困地区教育总体发展水平显著提升，实现建档立卡贫困人口教育基本公共服务全覆盖	教育部、国务院扶贫办

3. 加强民族教育师资队伍建设

提高民族教育教师队伍质量，特别是农牧区教师队伍质量，是我国民族教育工作的重中之重，受到党和国家的高度重视。相关政策如表4-3所示。

表 4-3

年份	名称	主要内容	制定单位
1980	《关于办好中等师范教育的意见》	在人口较多的州、盟和地区要办好一、两所民族师范学校，逐步做到少数民族小学，由合格的民族教师任教	教育部
2000	《中小学教师继续教育工程方案实施意见》	加强少数民族和边远贫困地区中小学教师的培训	教育部

续表

年份	名称	主要内容	制定单位
2002	《国务院关于深化改革加快发展民族教育的决定》	少数民族和西部地区教师队伍建设要把培养、培训双语教师作为重点，建设一支合格的双语型教师队伍；加强教师培训，提高教师学历学位层次	国务院
2006	《农村义务教育阶段学校教师特设岗位计划实施方案》	在西部 14 个省市启动"农村义务教育阶段学校教师特设岗位计划"	教育部、财政部、人事部、中央编办
2010	《国家中长期教育改革和发展规划纲要（2010—2020 年）》	对双语教学的师资培养培训、教学研究、教材开发和出版给予支持	国务院
2011	《教育部关于大力加强中小学教师培训工作的意见》	加强民族地区双语教师培训工作	教育部
2011	《关于做好少数民族双语教师培训工作的意见》	做好少数民族双语教师培训工作	教育部
2015	《国务院办公厅关于印发〈乡村教师支持计划（2015—2020 年）〉的通知》	把民族地区乡村教师队伍建设提升到教育发展战略高度，对加强民族地区乡村教师队伍建设具有重要的指导意义	国务院

4. 完善经费投入机制

我国民族地区大部分在西部地区，经济条件较差，教育经费短缺，国家为加速民族地区的教育发展，在财政上采取了许多特殊政策措施。相关政策如表 4-4 所示。

表 4-4

年份	名称	主要内容	制定单位
1980	《关于从民族地区补助费中适当安排少数民族教育经费的建议》	从国家对少数民族地区的各项补助费中安排一定比例的款额，解决少数民族教育的特殊需要	教育部、国家民委
2002	《国务院关于深化改革加快发展民族教育的决定》	提出"加大对民族地区的教育投入""中央财政向民族地区倾斜"等重要举措	国务院

续表

年份	名称	主要内容	制定单位
2005	"两免一补"政策	对农村义务教育阶段贫困家庭学生免杂费、免书本费、逐步补助寄宿生生活费	教育部 财政部等
2006	《国家教育事业发展"十一五"规划纲要》	教育资源要向农村、中西部地区、贫困地区、民族地区以及薄弱学校、贫困家庭学生倾斜	教育部
2010	《关于当前发展学前教育的若干意见》	要求地方政府加大投入，重点支持边远贫困地区和少数民族地区发展学前教育	国务院
2012	《国家教育事业发展第十二个五年规划》	完善教育经费保障机制，形成多元化的教育投入体制	教育部
2015	《关于加快发展民族教育的决定》	完善经费投入机制，鼓励和引导社会力量支持发展民族教育，多渠道增加民族教育投入	国务院

5. 加大教育对口支援力度

国家通过组织、利用经济发达地区的教育优势和优质教育资源，帮助和促进民族贫困地区（特别是新疆、西藏、四省藏区等）教育事业的发展。相关政策如表4-5所示。

表 4-5

年份	名称	主要内容	制定单位
1993	《中国教育改革和发展纲要》	认真组织和落实内地省市对民族地区教育的对口支援	中共中央、国务院
2000	《关于推动东西部地区学校对口支援工作的通知》《关于东西部地区学校对口支援工作的指导意见》	确定教育对口支援由教育部牵头，国务院扶贫开发领导小组协助，中组部、财政部、人事部等部门参与，共同组织实施	教育部、国务院扶贫开发领导小组等六部门
2001	《关于实施"对口支援西部地区高等学校计划"的通知》	启动"对口支援西部地区高等学校计划"	教育部
2006	《关于进一步加强教育对口支援西藏工作的意见》	对今后进一步做好教育援藏工作提出指导意见	教育部、中央统战部、国家民委
2016	《关于加强"十三五"期间教育对口支援西藏和四省藏区工作的意见》	"十三五"期间教育对口支援西藏和四省藏区工作的意见	教育部

英国社会政策的鼻祖蒂特马斯曾讲过："'政策'一词有着行动取向和问题取向的意思，我们应该相信通过政策能够促成某些变化。"① 这即是说，理想中的事实上的平等需要以一种不平等为前提，即对先天不利者和有利者使用不平等的尺度，为了事实上的平等，形式的平等要被打破，而在此过程中，"政策"所扮演的角色是十分重要的。对发展劣势的少数民族实行补偿政策，实现其优先、倾斜发展及自我发展能力的提升是我国民族政策的基本价值取向，终极目标是逐步消除民族发展差距，实现民族平等和各民族共同繁荣。

马克思主义的民族平等理念、社会主义的本质要求以及我国的民族国情决定了我国民族教育政策的价值取向。2007 年 7 月 20 日，内蒙古自治区人民政府办公厅发布《内蒙古自治区人民政府办公厅关于印发自治区民族教育发展工程实施方案的通知》指出：通过实施民族教育发展工程，特别是深入开展资助贫困生工作。进一步完善义务教育经费保障机制，对义务教育阶段民族学校学生优先实行免费教育。创造条件对蒙古语授课高中阶段学生实行政府资助政策，设立优秀学生奖学金、寄宿制学生助学金、贫困学生救助金等。继续执行高中阶段蒙古语授课考生考入区内高校学习减收学费政策。② 同年 12 月 8 日，内蒙古自治区人民政府发布的《内蒙古自治区人民政府关于进一步加强民族教育工作的意见》，更加明确而具体的给予了规定。2016 年 1 月 29 日，内蒙古自治区第十二届人民代表大会第四次会议批准的《内蒙古自治区国民经济和社会发展第十三个五年规划纲要》提出优先重点发展民族教育。到 2020 年全区民族教育办学水平显著提升，办学特色进一步彰显。③ "十三五"期间，全区民族教育将重点从五个方面开展工作。一是夯实思想基础，大力培育中华民族共同体意识。二是深化综合改革，激发民族教育发展活力。三是树立整体思维，推进民族教育协调发展。四是完善教师发展机制，深入实施乡村教师支持计划。五是抓好政策落实，强化民族教育保障能力。④ 新中国成立以来特别是改革开放以来，在教育扶

---

① 蒂特马斯：《社会政策十讲》，香港：商务印书馆有限公司，1991，第 11~12 页。
② 《内蒙古自治区人民政府办公厅关于印发自治区民族教育发展工程实施方案的通知》，《内蒙古自治区人民政府公报》2007 年第 7 期。
③ 《内蒙古自治区国民经济和社会发展第十三个五年规划纲要》，《内蒙古日报（汉）》2016 年 3 月 8 日。
④ 章奎：《数说民族教育"十二五"成长故事》，《内蒙古日报（汉）》2015 年 12 月 8 日。

贫方面，全区先后出台一系列政策，初步形成了远近结合、行之有效的教育扶贫政策体系，建立了从学前教育到高等教育"全程覆盖、无缝衔接"的家庭经济困难学生资助体系，也体现了"精准"免费、"精准"扶贫的要求，努力保障不让一个孩子因家庭经济困难而失学。

一　学前教育扶贫政策

幼儿教育是我国教育学制的第一阶段，是基础教育的有机组成部分。2001 年 1 月 4 日，内蒙古自治区人民政府发布了《内蒙古自治区人民政府批转自治区教育厅关于全区幼儿教育改革与发展意见的通知》，该通知提出，一是优先、重点发展民族幼儿教育。继续扶持已有的民族幼儿园，对于少数民族聚居而无民族幼儿园的地区，当地政府要投资兴建民族幼儿园，满足民族幼儿入园要求。二是大力发展农村、牧区幼儿教育。继续办好一批苏木乡镇中心幼儿园和中心小学附设的幼儿园，充分发挥其示范、辐射作用以及对村办园（班）、各种非正规形式幼儿教育的指导和管理作用。已经"普九"的旗县，要积极创造条件，认真筹划，在 2005 年前达到每个苏木乡镇建一所中心幼儿园的目标，并把完成这一目标作为"普九"巩固提高的内容之一。已经普及学前一年教育的地方，要进一步采取措施，普及学前二、三年教育。目前还没有条件举办幼儿园、学前班的地方，要采取流动幼儿园、计时制幼儿园，设活动站、巡回辅导站，以及其他灵活多样的非正规学前教育形式，努力让更多的幼儿接受一定程度的学前教育。[①] 2008 年 2 月 27 日，内蒙古自治区人民政府办公厅发布《内蒙古自治区人民政府办公厅转发自治区教育厅关于深化幼儿教育改革与发展指导意见的通知》，提出今后一个时期要大力发展农村牧区幼儿教育。一是发展农村牧区幼儿教育事业是全面提高农村牧区教育质量的奠基工程。二是要因地制宜地发展多种形式的农村牧区幼儿教育。三是各地要制定农村牧区幼儿园（班）的办学要求。四是边境旗市及牧业、半农半牧业旗县要重点建设一批民族幼儿园，特别要加强民族语言授课幼儿园建设。[②]

"十二五"期间，全区出台《学前教育管办分离管理办法》《民办

[①]《内蒙古自治区人民政府批转自治区教育厅关于全区幼儿教育改革与发展意见的通知》，《内蒙古自治区人民政府公报》2001 年第 2 期。

[②]《内蒙古自治区人民政府办公厅转发自治区教育厅关于深化幼儿教育改革与发展指导意见的通知》，《内蒙古自治区人民政府公报》2008 年第 4 期。

幼儿园管理指导意见》《民办幼儿园设置标准》《内蒙古自治区人民政府关于印发自治区学前教育三年行动计划（2011 年—2013 年）的通知》《内蒙古自治区人民政府批转自治区教育厅关于全面发展学前教育实施意见的通知》《内蒙古自治区人民政府办公厅关于印发自治区第二期学前教育三年行动计划（2014—2016）的通知》等。如 2015 年 5 月 18 日自治区人民政府办公厅发布《内蒙古自治区人民政府办公厅关于印发自治区第二期学前教育三年行动计划（2014—2016）的通知》，对学前教育发展现状、总体思路、主要目标和重点任务、主要措施、组织实施等进行了详细规定。在总体思路上，一是特别提出坚持公益普惠。进一步扩大普惠性学前教育资源覆盖面，公办民办并举，新增资源的重点既要向贫困地区、民族地区和边境地区倾斜，又要满足城镇化进程中城镇幼儿园增速加快的需求，同时要加大对家庭经济困难儿童、残疾儿童等困难群体的资助力度。二是注重协调发展。科学规划，合理布局，推进幼儿园内涵建设。量质并重，促进学前教育事业可持续发展。三是强化政府职责。切实落实旗县（市、区）发展学前教育的主体责任，加强学前教育管理体系和治理能力建设。主要目标是：到 2016 年底，全区新增幼儿园 1200 所（含 2014 年增量 400 所），学前三年毛入园率达到 90% 以上。构建政府主导、多元并举、优质协调、充满活力的学前教育公共服务体系。建立健全以公共财政投入为主的学前教育成本分担机制。进一步加强幼儿教师队伍建设，规范办园行为，幼儿园保教质量显著提高。主要措施有：一是扩充增量，多种途径增加普惠性学前教育资源。积极发展公办幼儿园，继续实施农村学前教育推进工程，农村闲置校舍改建幼儿园、农村小学增设附属幼儿园项目，重点在农村牧区和城乡接合部增设幼儿园。积极推广"大村独办，小村联办"，"苏木乡镇中心园辐射嘎查村、自然村"等成功办园经验。采取公建民营、公办民助、政府购买服务等方式，鼓励社会力量兴办幼儿园。二是加大财政投入力度，建立学前教育保障机制。"二期三年行动计划"的经费投入比"一期三年行动计划"的投入只增不减。学前教育财政性投入主要用于普惠性学前教育发展及学前教育质量提升等方面；统筹自治区"十个全覆盖"工程、"农村牧区学前教育推进工程"和"闲置校舍改建幼儿园"等项目资金。制定学前教育生均公用经费标准，切实保证幼儿园正常运转。加快幼儿园教师补充、配备工作；加大培养、培训力度；加强教师骨干体系建设；加强区域教研和"园本教研"制度建设，促进教师队伍专业化；科学施教，促进儿童身心健康发展。四是强化监督，健全完善幼儿园监管体系。①

2015 年 12 月 23 日，《内蒙古自治区党委　自治区人民政府贯彻落实〈中共中央、国务院关于打赢脱贫攻坚战的决定〉的意见》指出：健全学前教育制度，帮助农村牧区贫困家庭幼儿接受学前教育。② 2016 年 1 月 29 日，自治区第十二届人民代表大会第四次会议批准的《内蒙古自治区国民经济和社会发展第十三个五年规划纲要》提出：加快普及学前教育。坚持公办为主导，公办与民办并举、农村和城镇并重的原则，结合国家学前教育三年行动计划二期、农村学前教育推进工程，进一步扩大公办幼儿园和普惠性民办幼儿园资源覆盖面。③ 3 月 21 日，《内蒙古自治区党委　自治区人民政府关于落实发展新理念加快农牧业现代化实现全面小康目标的实施意见》，《意见》提出：推进学前教育二期三年行动计划，加快发展农村牧区公办幼儿园和普惠性民办幼儿园。④

二　基础教育扶贫政策

为继续完善义务教育和扫盲目标责任制，确保"两基"实施水平的不断巩固提高，1999 年 6 月 24 日，《内蒙古自治区人民政府关于做好"两基"巩固提高工作的指示》，提出"两基"巩固提高工作的关键是增加经费投入，重点是改善办学条件、加快师资队伍建设和提高普及程度。各地区、各有关部门都要按照积极实施、分类要求、突出重点、全面推进的指导原则，加大经费投入力度，改善办学条件，努力实现"两基"巩固提高的目标。到 2008 年，全区通过"两基"验收的旗县要全部达到自治区规定的"两基"巩固提高的标准要求。到 2010 年，全区基层完成所有薄弱学校的改造

---

① 《内蒙古自治区人民政府办公厅关于印发自治区第二期学前教育三年行动计划（2014—2016）的通知》，《内蒙古自治区人民政府公报》2015 年第 12 期。
② 《内蒙古自治区党委 自治区人民政府贯彻落实〈中共中央、国务院关于打赢脱贫攻坚战的决定〉的意见》，《内蒙古日报（汉）》2015 年 12 月 23 日。
③ 《内蒙古自治区国民经济和社会发展第十三个五年规划纲要》，《内蒙古日报（汉）》2016 年 3 月 8 日。
④ 《内蒙古自治区党委 自治区人民政府关于落实发展新理念加快农牧业现代化实现全面小康目标的实施意见》，《内蒙古日报（汉）》2016 年 3 月 24 日。

任务。①

1999 年 7 月 6 日，内蒙古自治区人民政府发布《内蒙古自治区人民政府批转自治区教育委员会关于加强全区薄弱学校建设办好义务教育阶段每一所学校意见的通知》，该通知指出，薄弱学校的建设，是涉及方方面面的社会系统工程。各级政府要进一步加强领导，要把这项工作纳入重要议事日程，制定规划，统筹安排，督促检查。要按照干部管理权限，为各级组织部门推荐人选，配备好薄弱学校领导班子尤其是校长，并建立健全科学有效的用人、管人机制，抓住关键环节，切实抓紧抓好薄弱学校领导班子建设。各有关部门要各尽其职，各负其责，为全区薄弱学校建设办实事，创造良好环境。各级计划、财政部门，要尽力为薄弱学校建设增加投入；教育行政部门要进一步加强对薄弱学校建设的管理，并做好各方面的协调工作，在人、财、物等各方面向薄弱学校倾斜，当好各级政府的参谋助手；其他各有关部门要在各自的职责范围内尽力为薄弱学校建设提供好的服务。② 国务院决定从 2001 年开始在全国实施"中小学危险校舍改造工程"（以下简称危改工程），根据自治区实际情况，2001 年 8 月 27 日，自治区人民政府发布《内蒙古自治区人民政府批转自治区教育厅计委财政厅关于贯彻全国中小学危房改造工程实施管理办法的意见的通知》，一是危改工程专款的补助范围及原则。国家危改工程专款的具体补助范围是中西部 25 个省、自治区、直辖市和新疆生产建设兵团，重点支持国务院确定的纳入西部大开发的 12 个省、自治区、直辖市；重点补助的对象是由教育部门举办的县级及县级以下农村牧区义务教育阶段的小学、初中、完全中学，以及相应阶段的特殊教育学校。二是确定全区实施危改工程与实施"国家贫困地区义务教育工程"（以下简称义教工程）相结合。凡进入第二期义教工程项目的旗县，在义教工程实施的前两年，要首先安排解决危房问题，在危改工程专款中不再安排资金。③

为进一步加快全区基础教育事业的改革与发展，2002 年 5 月 1 日，自

---

① 《内蒙古自治区人民政府关于做好"两基"巩固提高工作的指示》，《内蒙古自治区人民政府公报》1999 年第 8 期。

② 《内蒙古自治区人民政府批转自治区教育委员会关于加强全区薄弱学校建设办好义务教育阶段每一所学校意见的通知》，《内蒙古自治区人民政府公报》1999 年第 8 期。

③ 《内蒙古自治区人民政府批转自治区教育厅计委财政厅关于贯彻全国中小学危房改造工程实施管理办法的意见的通知》，《内蒙古自治区人民政府公报》2001 年第 10 期。

治区人民政府发布《内蒙古自治区人民政府贯彻国务院关于基础教育改革与发展决定的实施意见》，提出要把基础教育作为基础设施建设，作为教育事业发展的重点领域，摆在优先发展的战略地位，切实保证教育适度超前发展，确保基础教育地位的落实。同时，要加大教育扶贫力度。一是各级政府和相关部门，要抓住国家实施西部大开发战略的良好机遇，认真组织实施"危房改造工程"和二期"义务教育工程"，按要求落实各项配套资金，建立健全保障机制，确保工程顺利实施。要积极实施"北京、内蒙古教育对口支援协作工程"，加快落实区内城市学校对口支援贫困地区学校的规划方案。二是各级教育、物价、财政等部门要进一步做好农牧区中小学生收费的专项治理工作，强化监督检查，加大查处力度。要在国贫和区贫旗县范围内积极推行"一费制"，严格执行"一费制"最高限额标准，全面清理中小学乱收费，切实减轻学生经济负担。①

为大力推进全区农村牧区教育改革和发展，2002 年 7 月 1 日，内蒙古自治区人民政府办公厅印发《〈关于中小学布局调整意见等三个意见〉的通知》，并在《内蒙古自治区关于进一步加强区内学校对口支援工作的意见》中提出，经济条件较好的市（区）和旗县要为支援贫困地区教育发展做贡献。以学校之间对口支援和厅局、大企事业单位帮扶教育为基本形式，以贫困地区义务教育阶段相对薄弱的学校为支援重点，促进贫困地区学校管理水平和教育质量的提高；不增加受援地区的经济负担。实施范围如下。一是全区 12 个盟市选择 100 所条件较好的学校对口支援相应数量的贫困地区的学校，结成"一帮一"的对子。各厅局和大企事业单位要把帮扶学校的工作列为扶贫工作的重要任务，重点扶持建设好帮扶地区的一所学校。二是呼和浩特市和包头市分别对口支援乌兰察布盟和阿拉善盟。呼和浩特市和包头市市区要各选择 10 所学校，分别与乌盟和阿盟的贫困地区学校结成"一帮一"的对子，结对关系由盟市间协商确定。同时，呼和浩特市和包头市再分别选择 5 所学校，对口支援相应数量的本市贫困旗县的学校，实行结对帮扶，所选学校由市政府确定。三是呼伦贝尔市、通辽市、赤峰市、鄂尔多斯市、巴彦淖尔盟各选择 10 所学校，锡林郭勒盟、兴安盟、乌兰察布盟、乌海市各选择 5 所学校，在本盟市范围内对口支援相应数量的贫困旗县（区）

---

① 《内蒙古自治区人民政府贯彻国务院关于基础教育改革与发展决定的实施意见》，《内蒙古自治区人民政府公报》2002 年第 5 期。

和苏木乡镇学校，开展结对帮扶；所选学校由本盟市政府（行署）确定。四是选择受援学校要以义务教育阶段学校为重点，集中支援尚未"普九"的贫困旗县或乡镇苏木相对薄弱的学校。盟市间的对口受援学校规模一般应在200人以上，本盟市范围内的受援学校规模可适当缩小。五是自治区各高等学校在扶贫工作中，要把帮扶地区的学校建设作为重点，努力提供各方面的援助；条件较好的职业学校也要为贫困地区学校的建设提供力所能及的支援。六是在旗县所在地城镇及以上学校和其他教育机构就业的应届毕业生，原则上要到基层学校支教一年以上，支教结束后回就业单位工作。①

为提高农村牧区基础教育现代化水平，2004年6月1日，内蒙古自治区人民政府发布《内蒙古自治区人民政府关于印发自治区"两基"攻坚规划的通知》，提出全面实施中小学现代远程教育工程。在完成"普九"达标工作的同时，要按照自治区实施中小学现代远程教育工程的总体规划，重点突破，分步实施，逐年使农村牧区初中基本具备计算机教室，农村牧区小学基本具备卫星教学收视点，教学点具备教学光盘播放设备和成套教学光盘。②

2005年底，《内蒙古自治区人民政府办公厅转发自治区教育厅等部门关于进一步做好农村牧区寄宿制学校建设工程实施工作意见的通知》要求严格按照规划和年度计划实施"寄宿制工程"；调整财政支出结构，认真落实配套资金；强化责任意识，严把工程质量关；因地制宜采取措施，切实加强寄宿制学校管理；严格检查。③

2012年3月22日，内蒙古自治区人民政府办公厅出台《内蒙古自治区人民政府办公厅关于印发自治区实施〈国家农村义务教育学生营养改善计划〉试点方案的通知》，提出稳步推进农村义务教育学生营养改善计划实施。启动国家试点：从2012年春季学期起，为兴安盟阿尔山市、科右前旗、科右中旗、扎赉特旗、突泉县，乌兰察布市化德县、商都县、兴和县农村牧区义务教育阶段学生（不含旗县政府驻地镇就读学生），共计230所学校、

---

① 《内蒙古自治区人民政府办公厅印发关于中小学布局调整意见等三个意见的通知》，《内蒙古自治区人民政府公报》2002年第7期。
② 《内蒙古自治区人民政府关于印发自治区"两基"攻坚规划的通知》，《内蒙古自治区人民政府公报》2004年第6期。
③ 《内蒙古自治区人民政府办公厅转发自治区教育厅等部门关于进一步做好农村牧区寄宿制学校建设工程实施工作意见的通知》，《内蒙古自治区人民政府公报》2006年第2期。

66292 名学生提供营养膳食补助。补助标准为每生每天 3 元（全年按照学生在校时间 200 天计算），所需资金全部由中央财政承担。①

2013 年 2 月 27 日，内蒙古自治区人民政府办公厅转发《国务院办公厅关于规范农村义务教育学校布局调整意见的通知》，提出采取有效措施，认真加以整改。首先要做好"十二五"后三年即 2013～2015 年布局规划，今后每五年制定一次。有必要恢复已撤并学校或教学点的，由旗县（市、区）列入 2013～2015 年农村牧区义务教育布局专项规划，按程序同意恢复的，其校舍建设经费由旗县（市、区）、盟市和自治区三级承担。各旗县（市、区）要认真开展农村牧区义务教育学校布局调整工作检查，对因学校撤并不当引起严重后果的，要依照法律法规和有关规定追究责任。② 2013 年 12 月 31 日，教育部、国家发展改革委、财政部联合发布《关于全面改善贫困地区义务教育薄弱学校基本办学条件的意见》，内蒙古 102 个旗（县）中有 76 个旗（县）纳入"全面改薄"实施范围，其中，国家扶贫开发工作重点旗（县）31 个、边境旗（县）16 个、少数民族自治旗 1 个、革命老区旗（县）15 个；自治区扶贫开发工作重点旗（县）13 个，项目覆盖学校 2084 所。③

2014 年 5 月 12 日，内蒙古自治区人民政府发布《内蒙古自治区人民政府关于深入推进义务教育均衡发展的实施意见》，要求各级人民政府把均衡发展义务教育作为"一把手"工程来抓，切实保障义务教育均衡发展目标的如期实现。目标任务是：到 2016 年底，全区 70% 的义务教育学校办学条件达到自治区标准化要求，初步消除薄弱学校、大班额，择校现象得到明显缓解，不少于 50 个旗县（市、区）通过自治区义务教育均衡发展督导评估验收，全区义务教育巩固率达到 93%；到 2017 年，全区累积 85% 以上的义务教育学校办学条件达到自治区标准化要求，基本消除薄弱学校、大班额，择校现象基本缓解，累计 80 个以上旗县（市、区）通过自治区义务教育均衡发展督导评估验收，其中少数民族聚居旗（市）全部通过自治区义务教

① 《内蒙古自治区人民政府办公厅关于印发自治区实施〈国家农村义务教育学生营养改善计划〉试点方案的通知》，《内蒙古自治区人民政府公报》2012 年第 8 期。
② 《内蒙古自治区人民政府办公厅转发国务院办公厅关于规范农村义务教育学校布局调整意见的通知》，《内蒙古自治区人民政府公报》2013 年第 7 期。
③ 苗青：《我区 76 个旗县纳入全面改善贫困地区义务教育薄弱学校基本办学条件项目》，《呼和浩特日报》2015 年 6 月 17 日。

育均衡发展督导评估验收；到 2019 年，累计 90 个以上旗县（市、区）通过自治区义务教育均衡发展督导评估验收；到 2020 年底，全区 100% 的义务教育学校办学条件达到自治区标准化要求，102 个旗县（市、区）全部实现义务教育发展基本均衡，实现基本均衡的旗县（市、区）义务教育巩固率达到 95%。为此，各地区要按"自治区统筹、盟市推进、县域实施"的原则，以及国家和自治区规定的验收内容和标准，采取有效措施，完成基本办学条件均衡、校际均衡、学生入学机会均等，以及保障机制、教师队伍、教育质量和学校管理等工作任务。为此，特别提出要推动教育信息化建设与应用、完善县域义务教育人力资源配置管理、完善和落实校长和教师交流制度、继续做好教师培养培训工作、依法保障弱势群体学生公平接受义务教育、完善义务教育均衡发展的投入保障机制等。①

为切实建立健全乡村教师权利和尊严保障系统，2015 年 12 月 28 日，内蒙古自治区人民政府办公厅出台《内蒙古自治区人民政府办公厅关于印发乡村教师支持计划（2015 年—2020 年）实施办法的通知》，提出的实施范围包括自治区苏木乡中心区、嘎查村学校（包括教学点）在编在岗教师。乡村教师待遇提高方面，有六个"干货"：落实乡村教师补贴政策；加快实施乡村教师周转房建设；完善乡村学校岗位管理制度；实行乡村教师职称评审倾斜政策；加大落实乡村教师荣誉制度的力度；建立乡村教师重大疾病救助制度。为此，要求各盟市、旗县（市、区）制定具体实施办法，将本办法进一步明确化、具体化。②

2016 年 1 月 29 日，内蒙古自治区第十二届人民代表大会第四次会议批准的《内蒙古自治区国民经济和社会发展第十三个五年规划纲要》提出：一是推动义务教育均衡发展，到 2020 年基本实现义务教育县域内均衡发展；二是普及高中阶段教育，继续实施高中阶段免费教育，到 2020 年高中阶段教育毛入学率稳定在 95% 以上；三是促进教育公平，实施教育扶贫，落实好各项学生资助政策，实现家庭经济困难学生资助全覆盖。③

---

① 《内蒙古自治区人民政府关于深入推进义务教育均衡发展的实施意见》，《内蒙古自治区人民政府公报》2014 年第 11 期。

② 《内蒙古自治区人民政府办公厅关于印发乡村教师支持计划（2015 年—2020 年）实施办法的通知》，《内蒙古自治区人民政府公报》2016 年第 3 期。

③ 《内蒙古自治区国民经济和社会发展第十三个五年规划纲要》，《内蒙古日报（汉）》2016 年 3 月 8 日。

2016 年 3 月 21 日，内蒙古自治区党委、人民政府发布《内蒙古自治区党委自治区人民政府关于落实发展新理念加快农牧业现代化实现全面小康目标的实施意见》，提出：推进县域义务教育均衡发展，建立城乡统一、重在农村牧区的义务教育经费保障机制，统一城乡义务教育"两免一补"政策和生均公用经费基准定额，完善农村牧区校舍安全和教师工资保障长效机制；提高农村牧区寄宿制学校生均拨款标准；推进乡村教师支持计划，拓宽教师补充渠道，进一步提高乡村教师待遇；实施面向农村牧区的县域职业高中（技工学校）质量提升工程；实施特殊教育提升计划，办好农村牧区特殊教育。①

三　职业教育扶贫政策

"积财千万，不如薄技在身""一技在手，终身受益"，教育在促进扶贫、防止返贫方面的作用，可说是根本性的、可持续的。

大力发展职业教育，培养各层次的实用型、技能型人才，是提高全区广大劳动者素质的重要途径，是加快实施"科教兴区"战略的重要环节。关于发展职业教育的专门政策主要有三个：内蒙古自治区人民政府批转《自治区教委〈关于大力发展职业教育意见〉的通知》《关于大力发展职业教育的意见》《关于加快发展现代职业教育的意见》。相关政策涉及职业教育的就比较多，如《内蒙古自治区农村牧区扶贫开发条例》《内蒙古自治区国民经济和社会发展第十三个五年规划纲要》等。

1998 年 9 月 29 日，《内蒙古自治区人民政府批转自治区教委〈关于大力发展职业教育意见〉的通知》提出，遵循"大力发展，深化改革，优化结构，提高水平，分类指导，依法治教"的方针，正确处理好发展、改革与提高的关系，走出一条具有全区民族和地区特点的职业教育路子。要高度重视和切实加强初等职业教育。在农村、牧区，特别是偏远贫困地区，要因地制宜地实行小学后分流，通过举办"三加一"学校（班）和四年制初中等形式，积极发展初等职业教育。普通中小学要坚持开展劳动教育，积极渗透职业教育，强化对学生技能的培养。农村、牧区中学，特别是乡办中学要深入学习、推广科右前旗大坝沟中学的办学经验，学习大坝沟中学面向当地

---

① 《内蒙古自治区党委 自治区人民政府关于落实发展新理念加快农牧业现代化实现全面小康目标的实施意见》，《内蒙古日报（汉）》2016 年 3 月 24 日。

经济办学，不求人人升学，只求个个成才的精神走农科教结合，全面提高学生素质的路子。①

2007 年 12 月 4 日，内蒙古自治区人民政府发布《内蒙古自治区人民政府关于大力发展职业教育的意见》，特别要求发展农村牧区职业教育，为社会主义新农村新牧区建设服务。一是积极推进城市与农村牧区对口支援、合作办学、联合招生工作。二是大力开展农村牧区劳动力转移培训。三是大力推进农科教结合和"三教统筹"，对农村牧区基层干部、农牧业技术人员以及广大农牧民开展农牧业技术推广和实用技术培训（普通教育、职业教育、成人教育"三教统筹"是 20 世纪 80 年代中后期为适应农村教育综合改革而提出的一种管理运作模式）。②《内蒙古自治区农村牧区扶贫开发条例》第26 条规定：旗县级以上人民政府及其有关部门应当加强农村牧区贫困地区劳动力职业技能培训、创业培训，鼓励和扶持农村牧区贫困地区劳动力就近就地就业和自主创业。第 28 条规定：自治区鼓励和支持大中专院校、科研院所、医疗机构为农村牧区贫困地区定向培养人才；鼓励和支持大中专毕业生到农村牧区贫困地区就业、创业。③

2015 年 1 月 16 日，内蒙古自治区人民政府出台《内蒙古自治区人民政府关于加快发展现代职业教育的意见》，提出到 2020 年形成具有鲜明地区特点和民族特色的现代职业教育体系。主要措施有：实施职业教育质量提升工程、健全职业教育保障机制等。还特别指出实施贫困地区、牧区和民族职业教育建设工程。在贫困人口集中地区，根据特色产业发展需要建好一批中等职业学校。加快集中连片特困地区职业教育发展。在争取国家帮助支持的基础上，自治区各有关部门要加大对贫困地区职业教育的支持力度。加快牧区职业学校和少数民族职业学校发展，推进民族文化传承。开展定向培养、对口帮扶等工作，加强牧区职业学校和民族职业学校师资队伍建设。着力发展贫困地区、牧区职业学校和少数民族语言的远程职业教育，加强"农科教结合"和"三教统筹"，促进贫困地区、牧区经济社会发展。④

---

① 《内蒙古自治区人民政府批转自治区教委关于大力发展职业教育意见的通知》，《内蒙古自治区人民政府公报》1998 年第 11 期。

② 《内蒙古自治区人民政府关于大力发展职业教育的意见》，《内蒙古自治区人民政府公报》2008 年第 1 期。

③ 《内蒙古自治区农村牧区扶贫开发条例》，《内蒙古日报（汉）》2012 年 12 月 2 日。

④ 《内蒙古自治区人民政府关于加快发展现代职业教育的意见》，《内蒙古自治区人民政府公报》2015 年第 4 期。

2016 年 1 月 29 日，内蒙古自治区第十二届人民代表大会第四次会议批准的《内蒙古自治区国民经济和社会发展第十三个五年规划纲要》提出：一是到 2020 年基本建成现代职业教育体系；二是提高高校教学水平和创新能力，到 2020 年高等教育毛入学率达到 40%；三是大力发展继续教育，构建纵向衔接、横向沟通、内外协调、整体优化、灵活开放的继续教育和终身教育体系。①

2016 年 3 月 21 日，内蒙古自治区党委、人民政府发布《内蒙古自治区党委 自治区人民政府关于落实发展新理念加快农牧业现代化实现全面小康目标的实施意见》，提出两点意见。一是加大新型职业农牧民培育力度。鼓励农牧民通过"半农半读"等方式就地就近接受职业教育。组织实施农牧业高技能领军人才研修专项活动，到 2020 年使全区农牧业高技能领军人才基本得到培训。加强涉农涉牧专业全日制学历教育，健全农牧业广播电视教育体系，在师资培养、实习实训基地建设方面给予政策倾斜，定向培养职业农牧民。健全涉农涉牧专业人才培养体系，支持高校与行业企业、科研院所开展产学研合作办学。提高涉农涉牧领域研究生教育质量。优化财政支农资金使用，增加职业农牧民培养经费。实施现代青年农牧场主培训计划，组织有一定产业基础、文化水平较高、有创业愿望的农牧民和返乡农牧民工参加创业培训。在总结试点经验的基础上，逐步将新型职业农牧民培育工程实施范围扩大到全区所有旗县。鼓励有条件的地方探索职业农牧民养老保险办法。二是深入实施农村牧区贫困地区定向招生等专项计划，优化招生专业结构，提高农村牧区学生上重点高校的比例。②

四 特殊教育扶贫政策

2018 年 4 月 26 日，在通辽市科左中旗花图古拉镇副镇长包某某和北乌嘎查嘎查主任李某某的带领下，笔者走访了该嘎查的深度贫困户佟哈达。据李主任介绍，佟哈达一家 5 人中有 4 人是二级残障。户主佟哈达年轻时酗酒，冬天喝醉后倒在屋外冻伤了双腿，不得已截了肢。几年前，政府出资给他安装了假肢，但他现在完全没有劳动能力。其父得过脑血栓，留有后遗

---

① 《内蒙古自治区国民经济和社会发展第十三个五年规划纲要》，《内蒙古日报（汉）》2016 年 3 月 8 日。

② 《内蒙古自治区党委 自治区人民政府关于落实发展新理念加快农牧业现代化实现全面小康目标的实施意见》，《内蒙古日报（汉）》2016 年 3 月 24 日。

症，一只胳膊和一条腿不能动，治疗了好多年也没见好转。其妻是智力残障，他们生育的一儿一女智力都有问题，儿子 15 岁身高却只有一米左右，还经常发病，家里能砸碎的东西都被他砸碎了，而且还打人。小女儿七八岁、虽然长得眉清目秀，但智力明显存在缺陷。几年前，佟哈达的妻子弃家出走，后来在别的村子又组织了家庭，还生了两个孩子，依然都是智力残障。这样，在佟哈达家，唯一健全人就是他一辈子没有娶到媳妇的哥哥。

我们到达时佟哈达因事不在家。我们和佟哈达的父亲聊了一会，老人口齿很不清楚，交谈过程中一直在流泪。佟哈达的儿子一直围着我们转，脸上、手上全是泥土，还从地上拾起枯树叶放在嘴里嚼着。小姑娘穿了上衣没穿裤子，一直围着我们重复着一句话。据李主任介绍，佟哈达的儿子曾经上过两个月的特殊学校，但后来辍学了，一是因为特殊学校要自费，二是这个家庭实在没有接送他上学的能力。

残疾人是困难群体中的困难群体，残疾人事业是扶贫短板中的短板，为此，2004 年 2 月 1 日，内蒙古自治区人民政府办公厅转发《自治区残联〈关于开展"春雨助残工程"工作实施意见〉的通知》，决定实施"春雨助残工程"。通过春雨助残活动的实施，使贫困残疾人接受教育、培训和康复治疗。资助对象：农村牧区贫困线以下、城市家庭人均收入低于最低生活保障线的特困残疾人及其子女。资助项目主要有两个：教育培训项目，康复项目。[1] 2005 年 7 月 1 日，内蒙古自治区人民政府办公厅转发《残联等部门〈关于切实加强扶助贫困残疾人工作意见〉的通知》，提出保障贫困残疾人受教育的权利，积极发展残疾人学前教育、高中阶段教育、高等教育和成人教育。[2]

2010 年 8 月 5 日，内蒙古自治区人民政府办公厅转发《自治区教育厅等部门〈关于进一步加快特殊教育事业发展实施意见〉的通知》，就目标和任务、主要措施等方面进行了部署。提出：一是完善经费保障机制，提高特殊教育保障水平；二是扩大教育资源，保障残疾人接受教育的权力；三是增强教育的针对性，提高残疾学生的综合素质；四是加强师资队伍建设，提高

---

[1] 《内蒙古自治区人民政府办公厅转发自治区残联关于开展"春雨助残工程"工作实施意见的通知》，《内蒙古自治区人民政府公报》2004 年第 2 期。

[2] 《内蒙古自治区人民政府办公厅转发残联等部门关于切实加强扶助贫困残疾人工作意见的通知》，《内蒙古自治区人民政府公报》2005 年第 7 期。

特殊教育教师专业化水平，认真落实特殊教育教师待遇。[①]

　　为了进一步对全区残疾人进行智力扶贫，2014 年 6 月 25 日，内蒙古自治区人民政府办公厅发布《内蒙古自治区人民政府办公厅关于转发自治区特殊教育提升计划（2014—2016 年）实施意见的通知》，具体规定了六个方面的目标。一是基本普及残疾儿童少年义务教育。二是积极发展残疾儿童学前教育。三是大力发展以职业教育为主的残疾人高中阶段教育。四是加快发展残疾人高等教育。五是切实加强特殊教育条件保障。六是全面提升特殊教育教学质量。文件最后特别规定：残疾儿童少年义务教育入学率不达标的旗县（市、区），不得申报全国义务教育基本均衡县。[②]

五　贫困学生资助政策

　　由于全区地方经济落后和家庭贫困，制约着儿童教育文化的进一步提高，1996 年 1 月 26 日，内蒙古自治区人民政府办公厅发布《内蒙古自治区人民政府办公厅关于印发内蒙古自治区儿童事业发展"九五"计划纲要的通知》，要求继续开展"希望工程""春蕾计划"活动，救助贫困地区的失学儿童，采取措施发展贫困地区的教育。[③]

　　2002 年 5 月 1 日，内蒙古自治区人民政府发布《内蒙古自治区人民政府贯彻国务院关于基础教育改革与发展决定的实施意见》，提出各级政府要进一步建立、完善并落实中小学助学金、奖学金制度，建立并实行贫困地区困难学生杂费、书本费、寄宿费减免制度。从 2001 年秋季开始，对国家扶贫开发工作重点旗县中尚未普及初等教育旗县的农村牧区家庭经济困难的小学生和尚未实现"两基"达标旗县的农村牧区家庭经济困难的初中生，以及特殊教育学校的学生试行免费提供教科书；同时在农村牧区使用经济适用型教材和推广循环教材。各地要积极动员广大干部职工开展助学活动，帮扶贫困家庭学生完成九年义务教育。要把农村、牧区中小学生辍学率控制在规

---

① 《内蒙古自治区人民政府办公厅转发自治区教育厅等部门关于进一步加快特殊教育事业发展实施意见的通知》，《内蒙古自治区人民政府公报》2010 年第 9 期。

② 《内蒙古自治区人民政府办公厅关于转发自治区特殊教育提升计划（2014—2016 年）实施意见的通知》，《内蒙古自治区人民政府公报》2014 年第 14 期。

③ 《内蒙古自治区人民政府办公厅关于印发内蒙古自治区儿童事业发展"九五"计划纲要的通知》，《内蒙古自治区人民政府公报》1996 年第 3 期。

定比例之内。①

　　为进一步完善资助家庭经济困难学生的政策，2004 年 6 月 1 日，内蒙古自治区人民政府发布《内蒙古自治区人民政府关于印发自治区"两基"攻坚规划的通知》，要求自治区及各旗县人民政府要继续设立贫困学生助学专项资金，采取多种措施，加大组织入学和控辍力度，进一步完善和落实以"补、助、减、免、缓"为主要内容的资助家庭经济困难学生的政策。同时，要管好用好"二期义教工程"和国家对内蒙古自治区贫困学生的补助资金，把控辍保学工作作为衡量各级人民政府工作的重要内容之一。②

　　2004 年 11 月 1 日，内蒙古自治区人民政府批转《自治区财政厅 教育厅〈关于我区农村牧区义务教育阶段家庭经济困难学生实施"两免一补"制度意见〉的通知》，决定自 2004 年秋季新学年开始，对全区农村牧区义务教育阶段家庭经济困难学生实施"两免一补"（免费提供教科书、免缴杂费、补助寄宿生生活费）制度。该制度包括以下内容。

　　一是实施范围。主要包括农牧业人口较多的边境旗县（不包括满洲里市、阿尔山市、二连浩特市），纯牧业旗县，少数民族自治旗，国家扶贫开发工作重点旗县，内蒙古自治区确定的贫困旗县（不包括乌海市海南区），土默特左旗、土默特右旗、开鲁县、五原县和杭锦后旗。内蒙古自治区纳入实施范围的旗县共计 75 个，由自治区统一组织实施。未纳入此范围的县级市或市辖区可比照自治区的方案自行组织实施。二是实施对象。内蒙古自治区纳入实施范围的 75 个旗县农村牧区义务教育阶段学生，包括学校布局调整后农村牧区生源集中到旗县所辖城镇公办学校寄宿就读的义务教育阶段学生，以及各旗县接受特殊教育的学生共 130.7 万人。上述"两免一补"对象中，不包括苏木乡镇机关事业单位职工家庭的小学、初中学生。人均年纯收入超过全区平均水平一倍以上的农牧民家庭的小学、初中学生原则上不享受"两免一补"政策。三是实施标准。免教科书经费：对已实行课改和尚未实行课改的旗县，分别按学生现行使用的新旧教材价格等额确定补贴标准。自 2004 年秋季新学年开始，各学校一律免费向受助学生提供国家规定

---

① 《内蒙古自治区人民政府贯彻国务院关于基础教育改革与发展决定的实施意见》，《内蒙古自治区人民政府公报》2002 年第 5 期。

② 《内蒙古自治区人民政府关于印发自治区"两基"攻坚规划的通知》，《内蒙古自治区人民政府公报》2004 年第 6 期。

的教科书。免杂费：小学每生每学期 40 元，初中每生每学期 60 元，特殊教育每生每学期 60 元。自 2004 年秋季新学年开始，各学校一律不再向受助学生收取杂费。补助寄宿生住宿费：国家和自治区级贫困旗县小学每生每学期 20 元，初中每生每学期 40 元；非国家和自治区级贫困旗县小学每生每学期 30 元，初中每生每学期 50 元。自 2004 年秋季新学年开始，各学校一律不再向受助学生收取住宿费。对因学校无住宿条件或住宿床位有限而寄宿在居民家庭的，补助费发给学生本人。①

2005 年 7 月 1 日，内蒙古自治区人民政府办公厅转发《残联等部门〈关于切实加强扶助贫困残疾人工作意见〉的通知》提出资助贫困残疾儿童少年接受教育。② 次年 3 月 21 日，内蒙古自治区人民政府发布《关于印发〈自治区农村牧区义务教育经费保障机制改革实施方案〉的通知》，提出全部免除农村牧区义务教育阶段学生学杂费，对贫困家庭学生免费提供教科书并补助寄宿生生活费。③

开展国家助学贷款工作是加速人才培养的一项重大政策。内蒙古自治区党委、政府对推进国家助学贷款工作高度重视。为进一步落实国家助学贷款政策，帮助经济困难学生顺利完成学业，2006 年 4 月 3 日，内蒙古自治区人民政府办公厅发布《内蒙古自治区人民政府办公厅关于印发内蒙古自治区生源地财政贴息助学贷款管理办法的通知》，第 2 条规定："本办法所称内蒙古自治区生源地财政贴息助学贷款（以下简称生源地助学贷款），是指运用信贷手段支持入学前户口所在地在自治区境内的经济困难学生，就读于自治区境内全日制普通高等院校的一种贷款方式。"④ 6 月 1 日，内蒙古自治区人民政府办公厅发布《内蒙古自治区人民政府办公厅关于进一步做好助学贷款工作的通知》，提出建立健全家庭经济困难的高校学生资助体系，并

① 《内蒙古自治区人民政府批转自治区财政厅教育厅关于我区农村牧区义务教育阶段家庭经济困难学生实施"两免一补"制度意见的通知》，《内蒙古自治区人民政府公报》2004 年第 11 期。
② 《内蒙古自治区人民政府办公厅转发残联等部门关于切实加强扶助贫困残疾人工作意见的通知》，《内蒙古自治区人民政府公报》2005 年第 7 期。
③ 《内蒙古自治区人民政府关于印发自治区农村牧区义务教育经费保障机制改革实施方案的通知》，《内蒙古自治区人民政府公报》2006 年第 3 期。
④ 《内蒙古自治区人民政府办公厅关于印发内蒙古自治区生源地财政贴息助学贷款管理办法的通知》，《内蒙古自治区人民政府公报》2006 年第 4 期。

对做好助学贷款工作进行了具体部署。①

《内蒙古自治区农村牧区扶贫开发条例》第 25 条规定："旗县级以上人民政府及其有关部门应当加强农村牧区贫困地区基础教育和职业教育，实施城市教师到农村牧区贫困地区支教制度。重视和支持民族教育，对民族学校基础设施建设应当给予重点倾斜。对接受义务教育、高中阶段教育的贫困户寄宿生给予生活费补助，对贫困户在校大学生实施助学，帮助其完成学业。"②

2011 年春季，内蒙古自治区高中阶段教育"两免"（高中阶段学生全部免学费、免费提供教科书）政策实施。为了确保这一重要惠民政策得到全面落实，2012 年 12 月 24 日，内蒙古自治区人民政府办公厅出台《关于进一步完善高中阶段教育"两免"政策有关事宜的通知》，对完善"两免"资金拨付制度、地方配套资金压力大的问题、学费补偿标准问题以及促进中等职业教育、民族教育、民办教育发展的问题进行了具体规定。③

2014 年 7 月 7 日，内蒙古自治区人民政府批转《自治区教育厅、财政厅〈关于家庭经济困难学生实施普通高校新生入学资助政策意见〉的通知》，决定自 2014 年起，对全区家庭经济困难学生实施普通高校新生入学资助政策。一是对城乡低保家庭子女资助政策。资助对象：当年被录取到普通高等学校、具有内蒙古自治区户籍且录取时为城乡低保家庭的子女。资助标准：录取到普通高校本科类的新生一次性资助 40000 元；录取到普通高校专科或高职高专类的新生一次性资助 30000 元。资金来源：所需资金全部由自治区本级财政承担。二是对城乡其他家庭经济困难学生资助政策。对城乡其他家庭经济困难学生实施普通高校新生入学资助的具体政策由所在盟市自行制定，所需资金由盟市、旗县（市、区）承担，并报自治区备案。④ 为确保城乡低保家庭子女普通高校新生入学资助政策落实到位，2014 年 8 月，自治区财政厅、教育厅、民政厅又联合印发《城乡低保家庭子女升入普通高校新生资助资金管理暂行办法》，要求切实加强资金管理。

---

① 《内蒙古自治区人民政府办公厅关于进一步做好助学贷款工作的通知》，《内蒙古自治区人民政府公报》2006 年第 6 期。
② 《内蒙古自治区农村牧区扶贫开发条例》，《内蒙古日报（汉）》2012 年 12 月 2 日。
③ 《内蒙古自治区人民政府办公厅关于进一步完善高中阶段教育"两免"政策有关事宜的通知》，《内蒙古自治区人民政府公报》2013 年第 3 期。
④ 《内蒙古自治区人民政府批转自治区教育厅财政厅关于家庭经济困难学生实施普通高校新生入学资助政策意见的通知》，《内蒙古自治区人民政府公报》2014 年第 15 期。

2015 年 5 月 18 日，内蒙古自治区人民政府办公厅发布的《内蒙古自治区人民政府办公厅关于印发自治区第二期学前教育三年行动计划（2014—2016）的通知》提出建立学前教育资助体系。从自治区到盟市、旗县（市、区）设立幼儿资助专项资金。对普惠性幼儿园的城乡低保家庭困难儿童、孤儿、残疾儿童予以资助。牧区蒙语授课幼儿园免除保教费。[①]

为了对孤儿大学生进行扶贫，2015 年底，内蒙古自治区民政厅联合自治区教育厅、财政厅印发《关于做好孤儿升入普通高校新生资助工作的通知》，对从 2015 年起当年被录取到普通高等学校、具有内蒙古户籍且录取时为孤儿的学生实施教育资助。资助标准为录取到普通高校本科新生一次性资助 4 万元，录取到普通高校专科或高职高专类新生一次性资助 3 万元，所需资金全部由自治区本级福利彩票公益金承担。[②]

2015 年 1 月 16 日，内蒙古自治区人民政府出台《关于加快发展现代职业教育的意见》提出：一是逐步建立职业院校助学金覆盖面和补助标准动态调整机制；二是完善职业教育资助体系。逐步完善中等职业学校学生助学制度，继续实施免除中等职业学校学生学费和教科书费、补助住宿费和生活费的政策。鼓励和倡导国有或私营企业等用人单位为接受职业教育的贫困家庭学生提供助学贷款代偿资助，代偿资金可享受相关纳税优惠政策。各级各类职业院校要认真做好家庭经济困难学生的就业指导工作，帮助其顺利就业，实现脱贫致富。[③] 10 月 9 日，内蒙古自治区财政厅、发展和改革委员会发布《关于取消部分自治区行政事业性收费项目和降低收费标准的通知》，规定自 2015 年 10 月 1 日起，取消 11 个部门 18 项收费项目。其中，人力资源和社会保障部门取消 5 项收费项目：技校招生报名费、技工新生招生费、技工学校学费、技工学校住宿费、计算机考试考场及设备租赁费。教育部门 1 项：职业高中学费。如上可以大大减轻贫困地区技校学生、职业高中生的负担。

2015 年 12 月 23 日，内蒙古自治区党委、人民政府发布《内蒙古自治区党委　自治区人民政府贯彻落实〈中共中央、国务院关于打赢脱贫攻坚

---

① 《内蒙古自治区人民政府办公厅关于印发自治区第二期学前教育三年行动计划（2014—2016）的通知》，《内蒙古自治区人民政府公报》2015 年第 12 期。

② 霍晓庆：《我区对孤儿大学生实施教育资助》，《内蒙古日报（汉）》2015 年 12 月 20 日。

③ 《内蒙古自治区人民政府关于加快发展现代职业教育的意见》，《内蒙古自治区人民政府公报》2015 年第 4 期。

战的决定〉的意见》指出：稳步推进贫困地区农村牧区义务教育阶段学生营养改善计划。继续实施普通高中、中等职业教育免除学杂费政策，提高中等职业教育助学金资助标准，继续实施对贫困家庭大学生每年资助 1 万元的助学政策。①

① 《内蒙古自治区党委 自治区人民政府贯彻落实〈中共中央、国务院关于打赢脱贫攻坚战的决定〉的意见》，《内蒙古日报（汉）》2015 年 12 月 23 日。

第五章

促进民族教育扶贫能力现代化

我国的贫困地区尤其是深度贫困地区，之所以深陷贫困且脱贫困难多、阻力大，这里固然有自然因素、地理环境、发展起点等因素的影响，但更深层次的原因还是在于人口素质低、自我发展能力弱，归根结底在于教育发展的长期滞后。

从扶贫的长期效果看，教育扶贫产生的经济效益和社会效益最大、最持久，是各种反贫困路径中位序第一的选择。也就是说要从根本解决贫困问题，亟须从教育入手，因地制宜，分地区、分民族、分阶段制定教育发展策略，推动贫困人口持续脱贫，特别是要下大力气阻断贫困的代际传递，摘"穷帽"、拔"穷根"。

我国扶贫工作的性质和具体国情决定内蒙古扶贫工作以前、现在和今后都是政府主导（政府仍然是贫困治理的"火车头"，官员依旧是"驾驶员"）的特点，所以，要提升扶贫工作的实效性，最根本的还是完善内蒙古的贫困治理体系和治理能力现代化（以下简称为"贫困治理现代化"）。贫困治理现代化将直接减轻国家治理的压力，促进和改善国家治理，并在特定方面体现着、丰富着、推动着国家治理现代化。

贫困治理包括三个基本内容：贫困治理体系、贫困治理能力、贫困治理绩效。贫困治理水平的高低，取决于贫困治理体系水平的高低、贫困治理能力水平的高低、贫困治理绩效水平的高低。没有较高的贫困治理体系水平，贫困治理能力不可能较高，贫困治理绩效也会大打折扣。如果只有较高的贫困治理体系水平，而没有较高的治理能力给予彻底落实，贫困治理绩效也会成为"水中月"。

就内蒙古民族教育扶贫工作的成绩看，改革开放以来基本上达成了三大目的。一是形成了比较完整的民族教育贫困治理体系。二是民族教育贫困治理能力显著提高。自治区自上而下共谋落实之策，形成了一整套比较有效的民族教育扶贫举措。三是民族教育扶贫取得了比较满意的成效。这些成绩的取得，反映出内蒙古民族教育扶贫能力的不断提高，而民族教育扶贫过程中存在的问题则使民族教育扶贫能力现代化的实现迫在眉睫。民族教育扶贫作为民族地区扶贫路径中最主要的组成部分，其现代化是治理体系和治理能力现代化的核心要素，在内蒙古扶贫工作进入攻坚阶段之际，推进教育扶贫能力现代化时不我待。针对内蒙古民族教育扶贫存在的突出问题，"十三五"期间，内蒙古各级政府、各级教育主管部门必须大力提升科学决策的能力、统筹各类教育发展能力、乡村教师队伍治理能力的现代化，这是提升全区教育扶贫能力、教育扶贫效果的重中之重，从而实现民族教育扶贫的精准施策，精准扶贫，实现教育扶贫与扶志的有效结合。

一　提升教育扶贫科学决策能力

当前，对内蒙古的扶贫工作而言，深度贫困人口和深度贫困地区的脱贫是当前扶贫工作中最难啃的骨头。这里既面临一些多年未解决的深层次矛盾和问题，也面临许多新情况新挑战。脱贫攻坚已经到了啃硬骨头、攻坚拔寨的冲刺阶段，所面对的都是贫中之贫、困中之困，采用常规思路和办法、按部就班推进难以完成任务，必须以更大的决心、更明确的思路、更精准的举措、超常规的力度，众志成城，实现脱贫攻坚目标。① 教育扶贫是摘"穷帽"、拔"穷根"的关键，是精准扶贫的重要内容和精准脱贫的主要途径。因此，必须要提升教育扶贫科学决策的能力，带好教育扶贫的头儿，把握教育扶贫的方向，选择教育扶贫的方法，完善教育扶贫的政策。

1. 真正重视民族教育扶贫工作

2015 年 11 月，联合国儿童基金会发布的《让每个儿童享有公平的机会：公平的承诺》报告，强烈呼吁各国对儿童尤其是最弱势儿童投资，因为这对儿童本人、其家庭和国家都有好处。② 对于发展民族教育的重要性，已经是人人皆知的问题。民族教育扶贫对扶贫工作来讲大有作为也已经是人

---

① 《在中央扶贫开发工作会议上的讲话》（2015 年 11 月 27 日），《十八大以来重要文献选编》（下），中央文献出版社，2018，第 34 页。

② 何农：《儿童仍占世界贫困人口近一半》，《光明日报》2015 年 11 月 29 日。

们的共识。也正是因此，大力发展民族教育成为全区上下减贫脱贫的根本之举。但是，民族教育扶贫的各种措施在具体操作过程中，还是有人存在敷衍、跟风、随大溜的现象，民族教育扶贫的功效还没有得到充分有效的发挥。为此，一是避免教育落入文件"套娃"模式，不能只当国家政策的"应声虫"。① 落实国家政策，多用具体数字，少用或尽量不用"空话""大话"。二是摒弃"GDP 论英雄"的干部考核方式，建立科学的政绩观，把教育投入纳入领导干部扶贫考核的重要指标，倒逼领导干部主动彻底落实"教育优先发展"战略。三是设立"教育扶贫日"。拿出前几年搞"十个全覆盖"工程的干劲、资金、行动来抓民族教育、乡村教育特别是贫困县乡村教育，全区教育扶贫一定能够在"十三五"期间打一个大翻身仗。

2. 建立健全科学的教育扶贫决策机制

决策成功是最大的成功，决策失误是最大的失误。科学、民主、依法决策，对全区民族教育扶贫至关重要。为此，一是继续完善利益相关者参与决策机制。促进教育精准扶贫，就要充分征求和合理反映不同利益主体的建议，就要建立健全利益相关方和社会相关方有序参与决策的机制，使教育扶贫政策符合最大多数贫困户的利益。

二是坚持自下而上与自上而下相结合的原则。内蒙古自治区乡村学校是教育改革的重要推动力量，要大力支持贫困县教育政策与制度创新，多用归纳逻辑，及时总结和归纳其经验和好的做法，出台自治区层面的教育扶贫政策，使教育改革更接地气。从形成教育扶贫改革的决策看，开展贫困县教育扶贫试点是一个重要方法，要善于从"模范"中发现"模式"，为自治区教育扶贫改革提供典型经验和示范引领，实现"自上而下"与"自下而上"的有机结合，加快解决群众期盼良好教育扶贫与教育资源相对短缺的矛盾。②

三是要着眼全局且保证措施的可操作。从全区教育扶贫体系来看，包括从学前教育到继续教育的整个过程，要注重各个层次教育发展的"短板"，尤其要注重贫困县乡村教育发展的均衡性。同时，教育扶贫决策一定要立足全区实际、符合区情，具有可操作性，并通过反馈和改进不断提高教育扶贫

---

① 钟焦平：《地方教育规划要跳出"套娃思维"》，《中国教育报》2016 年 1 月 14 日。
② 杨银付：《建立什么样的教育决策机制》，《中国教育报》2016 年 3 月 30 日。

决策的科学性。[1]

二 提升统筹各类教育发展能力

1. 将学前教育纳入义务教育范畴

学前教育兼具社会福利、经济和教育三重职能。从社会福利角度看，学前教育是政府支持家庭养育下一代和减少儿童起点差异计划的重要组成部分，对于纠正社会阶层差异导致的教育不平等具有重要意义。从经济角度看，学前教育为妇女就业提供了有力支持，一大批学龄前儿童走出家门，离开家庭看护，开始接受系统的学前教育，无疑是对孩子母亲的解放。这些年富力强的青年母亲摆脱了看护孩子的羁绊，将会创造出巨大的财富，这对增加家庭收入有重要价值。从教育角度看，学前教育对学前儿童的早期认知、情感和技能开发都有不可替代的重要作用。[2] 阻断贫困代际传递，让儿童发展才是治本之道。把学前教育纳入义务教育范畴至少有以下两大好处。第一，收益最大。1842 年，瑞典对所有儿童推行了义务教育，而当时瑞典人均 GDP 才 926 美元，结果，该措施的推行促使了经济腾飞。1997~1998 年，墨西哥采取包括向贫困儿童提供营养和教育机会的"机会计划"，将贫困率降低了 17%。[3] 正如诺贝尔经济学奖获得者海克曼（Heckman）所言，没有哪一项政策能够像学前教育一样，既由于具有远高于其他阶段教育的投资回报率而受到经济学家的青睐，又由于解决了公共的家庭困难而受到社会的认同，[4] 并提出对早期儿童发展的干预能获得 1∶17 的投入产出比。[5] 美国心理学家布鲁姆认为，如果把一个人 17 岁时的普通智力水平定为 100% 的话，那么，从出生到 4 岁已获得 50%，4~8 岁又获得 30%，8~17 岁只获得 20%。一项包括中国在内的全球跟踪研究显示，儿童早期发展阶段每投入 1 美元，将获得 4.1~9.2 美元的回报，在美国甚至高达 7~16 美元。中国发展研究基金会秘书长卢迈表示："靠传统的转移支付方式可以提高穷人收入，改善贫困家庭生活，却不能使他们彻底摆脱贫困。发展儿童往往是打破贫困代际传递的突破口。""投资一个孩子，会改变他的命运；投资一代人，会

---

① 吕京、唐应辉、马川冬：《提高教育决策的科学性》，《人民日报》2016 年 4 月 1 日。
② 但菲、索长清：《发展学前教育事业是一项系统工程》，《光明日报》2015 年 11 月 27 日。
③ 赵展慧：《扶贫，从娃娃抓起》，《人民日报》2015 年 11 月 13 日。
④ 袁振国：《义务教育向学前延伸的意义》，《光明日报》2015 年 8 月 6 日。
⑤ 堵力：《儿童早期发展对消除贫困不容忽视》，《中国青年报》2015 年 11 月 17 日。

改变国家的未来。"中国发展研究基金会儿童发展中心报告显示，儿童发展投入能在当期减少儿童疾病、营养不良和抚育的成本，从而提高贫困家庭的综合福祉；有助于提高儿童长远的发展能力，改善个人健康、心理和生理表现，提升劳动生产率，有助于减少甚至预防包括青少年犯罪、社会暴力在内的一系列社会问题。该中心执行主任杜智鑫认为："儿童扶贫要让儿童全维度摆脱贫困，越早投入才越有效果。""中国有句老话，'三岁看大，七岁看老'，这是有科学依据的。""早教就是有效减少多维贫困的重要途径之一。"① 第二，投入最少。贫困县学前教育可利用现有幼儿园的办学资源，或者采取在小学开设学前班，节省办学成本、提高办学效率。同时，从生均培养成本看，实施学前义务教育所需的生均培养成本远低于实施高中义务教育的生均培养成本。② 内蒙古各级领导特别是一把手应秉承"儿童是人类的未来，重视儿童发展，是促进社会公平发展的重要基础，是消除贫困代际传递、培育未来人力资本的治本之策"③ 理念，一定要高瞻远瞩，不要找任何借口，尽快把学前教育纳入义务教育范畴，特别是限期把贫困县乡村学前教育纳入义务教育范畴，并上升到扶贫战略层面，与扶贫攻坚统筹推进，努力探索出一条符合贫困县学前教育发展之路。针对农牧区学前教育短板，建议从以下几个方面入手。

一是切实加大投入。为了弥补《内蒙古自治区国民经济和社会发展第十三个五年规划纲要》存在的不足，可以在贫困县"十三五"规划中提出："坚持公办为主导，大力鼓励民办、农村优先的原则"，突出解决学前教育的"短板"问题。近期目标即财力有限的阶段，首先在 57 个贫困旗县实施学前 3 年免费教育；支持这些县开展学前双语教育。远期目标是当全区财力比较宽裕时，再在全区其他地区实施学前 3 年免费教育。

二是增加数量。在贫困县"十三五"规划中明确规定贫困县乡村学前三年毛入学率达到的目标。利用正在实施的"十个全覆盖"工程，实现贫困县"一村一幼"甚至"一村 N 幼"。进一步加强结对帮扶，一方面，内部帮扶，即贫困地区市、县进一步统筹安排优质教育资源，对口帮扶乡镇、村幼儿园；另一方面，外部帮扶，即进一步组织自治区内的国家级、自治区级

① 赵展慧：《扶贫，从娃娃抓起》，《人民日报》2015 年 11 月 13 日。
② 袁振国：《义务教育向学前延伸的意义》，《光明日报》2015 年 8 月 6 日。
③ 《第四届反贫困与儿童发展国际研讨会开幕》，《人民日报》2015 年 10 月 22 日。

幼儿园对口帮扶贫困地区幼儿园。继续扩大贫困县乡村幼儿园的数量，争取到 2020 年学龄前儿童入园率达到 90% 以上，不仅使贫困县乡村每个适龄幼儿都能上幼儿园，而且能够就近入园。

三是提升质量。第一，创新体制机制，加强师资队伍建设。除正常招聘外，为了解决学前教育师资短缺的问题，可以考虑安排驻村干部做"临时教师"，毕竟这也是扶贫的重要任务。同时，招募幼教志愿者，通过"走教"完成。第二，贫困县乡村幼儿园要因地制宜，围绕"农牧"两字做文章，依托乡村求发展。环境乡村化，农牧文化为特色，营造出具有农村牧区特色的区域环境。游戏乡土化，寓教于乐为主，让孩子们留住"乡土记忆"。教育本土化，因地制宜为优，探究大自然的奥秘。作息农村牧区化，科学便民为要，权衡各方利弊制定合理的作息制度，使贫困县乡村幼儿能够享受良好的学前教育。① 第三，努力组织各方力量特别是大学生志愿者到乡村开设家长培训班，与家长面对面交流，转变他们不重视学前教育的观念。

2. 提升乡村义务教育扶贫能力

一是力求精准投入。木桶的容量由最短的那块木板决定，义务教育公平程度、群众满意程度，也由教育资源中的短板决定。推进均衡发展，不能截长以补短，而应努力补短追长，把投入和工作重点放在补足短板上，少一点盆景思维，多些补短行动，强化弱势学校建设。② 为此，全区应努力提高乡村义务教育扶贫投入的针对性和使用效率。目前及以后相当长的时间里，应在注重教育硬件建设的同时，更多地注重教师待遇的提高。同时，进一步实施"学生营养改善计划"，加大投入，不仅让学生吃得饱、吃得安全，而且要吃得更营养、更健康。

二是加强乡村寄宿制学校的管理。第一，科学布局乡村寄宿制学校。既广泛征求学生家长的意见，也认真听取每个教师的建议，再根据乡村实际情况科学布点，并妥善解决低年级学生寄宿及学校、家长应负的责任等问题。第二，增加投入甚至编制，解决寄宿制学校保安、食堂工作人员的待遇问题。或以学区为主导，选派并培训专职安保，委派到各校，既保护师生安全，又把教师从"全职保姆"中解脱出来，安心教学。第三，启动"大学生帮扶贫困县乡村学生"活动。每年分批组织大学生特别是本地籍大学生

---

① 张定秋：《农村园要围绕"农"字做文章》，《中国教育报》2015 年 11 月 29 日。

② 沈健：《教育均衡，更需重视补短》，《人民日报》2015 年 6 月 29 日。

按照"集中活动+常态服务"模式，对结对生进行帮扶。安排师范生特别是安排音乐、体育、美术等专业的学生到乡村寄宿制学校顶岗实习，缓解教师紧缺的压力，提升其教育质量。

三是高度重视贫困县义务教育发展基本均衡建设。"十三五"期间，按照2014年自治区人民政府发布的《关于深入推进义务教育均衡发展的实施意见》精神，全区实施义务教育发展基本均衡县工程，各级政府把均衡发展义务教育作为"一把手"工程来抓，在贫困县统筹整合财政涉农资金的基础上，加大对乡村义务教育倾斜的力度，严格按照国家对义务教育发展基本均衡县的要求，逐一落实。同时，按照遵守2014年《自治区特殊教育提升计划（2014—2016年）实施意见》关于"残疾儿童少年义务教育入学率不达标的旗县（市、区），不得申报全国义务教育基本均衡县"①的规定，大力实施"融合教育"，让更多的残疾儿童健康成长。争取到2020年全区80%以上的贫困县成为全国义务教育发展基本均衡县，基本解决"上好学"的问题。

四是解决乡村学校"空心"问题。第一，撤点并村。以自然村或择地新建，把分散的居民点集中在一起。既可以聚人气，也方便小孩上学。第二，撤点并校。特别是对学生总量在两位数以下的教学点，保留已经没有什么意义。一个教师留守，不仅成本高，最重要的是如果该教师素质较低，长远看，对这些小学生没有什么好处，"长痛不如短痛"，撤销实属必要。第三，保留。如果保留，办法可以多管齐下，如选派全科教师、使用数字教育优质资源等。

五是加快贫困县乡村义务教育信息化建设。针对全区贫困县乡村义务教育信息化建设的不足，深入贯彻创新发展理念，以应用为核心，提升教育信息化的效能，使之成为推进贫困县乡村义务教育现代化的催化剂和加速器，实现"精准扶贫"。

第一，加快推进基础设施全覆盖。努力建设好贫困县乡村义务教育的"三通两平台"（宽带网络校校通、优质资源班班通、网络学习空间人人通、教育资源公共服务平台、教育管理公共服务平台），进一步实施和管理"教学点数字教育资源全覆盖"项目，特别是加快推进村小、教学点教育信息

---

① 《内蒙古自治区人民政府办公厅关于转发自治区特殊教育提升计划（2014—2016年）实施意见的通知》，《内蒙古自治区人民政府公报》2014年第14期。

化基础设施建设，每个教师配备电脑，实现师机比 1：1，使他们有设备可用，使他们随时便捷地获取相关教育信息资源成为可能。

第二，加快推进优质资源全覆盖。一方面，大力引进外部优质资源，尤其鼓励贫困县乡村义务教育特别是村小、教学点与发达地区基础教育学校联网交流，使外部优质资源尽我所用；另一方面，通过组织教师微课程大赛和数字教育资源教学应用大赛等，组织开展"一师一名课、一课一名师"活动，努力挖掘内部潜力，开发、编译双语教学和少数民族文化等数字资源，使内部优质资源尽其所用。通过双管齐下，使贫困县乡村义务教育教师有足够的优质资源可用、共享，避免"巧妇难为无米之炊"。

第三，加快推进应用能力全覆盖。"教育信息化设施不怕用坏，就怕放坏。"[1] 开展贫困县乡村义务教育信息化应用能力提升工程等专项工程，以中小学教师特别是村小、教学点的教师为重点，大力加强信息技术应用能力的培训，尽可能使每个教师特别是中老年教师都会熟练地使用，使基础设施、优质资源能够完全发挥应有的功能。

第四，加快推进协同机制全覆盖。进一步明确贫困县乡村义务教育信息化工作面临的新任务、新要求，融合创新，进一步完善协同推进的工作机制。

此外，加强"软知识"的学习。国外最近一项研究发现，向小学生传授自我调控和社会交往技能等"软知识"，可以降低某些"问题儿童"未来违法犯罪的概率。在这项发表于《儿童发展》的研究中，来自美国杜克大学的心理学家对一个名为"快速通道"的项目进行了研究。该项目发起于20 世纪 90 年代初，主要针对被老师和家长判断认为可能发展出攻击性行为问题的儿童。儿童被随机分为两组，其中的一组在小学一年级到高中毕业期间，接受了包括教师授课、学业辅导、父母训练小组和自控与社交技巧学习在内的干预措施。结果，上述干预减少了儿童在青春期和成年早期从事违法行为、被有关机关逮捕或诉诸心理与躯体治疗的发生率，并在本次发表的研究中做出了解释：通过分析近 900 名儿童的数据发现，儿童未来的犯罪行为中，有约 1/3 缘于 6~11 岁的自我调控和社会交往技能缺乏。虽然"快速通道"项目也包括学业知识和学习技能的训练，但相比之下，它们对于防范违法犯罪的影响却比与情商相关的"软知识"要小得多。通常认为，"软知

---

[1] 刘盾：《教育信息化设施就怕放坏》，《中国教育报》2015 年 12 月 12 日。

识"包括"如何进行团队配合"以及"如何在决策时做出长远打算"等，而"硬知识"则是指物理、数学等传统的学科知识。杜克大学儿童与家庭政策中心主任、"快速通道"项目发起人肯尼斯·道奇教授表示："上述发现表明，我们的教育体系和儿童社会化系统都应当更加重视'软知识'的传授。"他认为，父母们应该不遗余力地向孩子传授这些软知识，教育政策的制定者更应该对此给予高度关注，"我们越重视'软知识'的传授，就越能降低青少年违法犯罪的概率"。来自华盛顿特区的青少年行为障碍专家尼尔·伯恩斯坦则认为，该研究结论与其30年来在临床实践中的观察相一致。不过他还认为，除了自我调控和社交技能，还应当注重对儿童共情能力的培育。"'共情'是使我们察觉他人情绪的能力。如果你能够共情，就不太会做出伤害别人感情的事情。"道奇提醒道："我们一度认为，优秀的儿童和成功的成年人只需要具备良好的学业成绩，但现在，这种认识得到了更新。阅读和数学需要学习相应的技巧，关乎人生任务实现的自我控制同样如此——而这决定了你是否能够远离暴力犯罪和牢狱之灾。"[1] 同时，大力开展开放性科学实践课。利用节假日，通过自主选课、团体预约和送课到校等方式，鼓励乡村学生去大学实验室、科研基地等，探讨他们感兴趣的话题、去感知以前从未接触过的领域、在研究人员指导下完成科学实验，提升他们的科学素养。

努力提升职业教育扶贫的实效性。习近平早在23年前出版的《摆脱贫困》一书中，就阐述了"脱贫""扶贫"的重要意义和实现途径。他在该书中一再强调"扶贫先要扶志""弱鸟可望先飞，至贫可能先富，但能否实现'先飞'、'先富'，首先要看我们头脑里有无这种意识"，如何"扶志"，如何培植"先飞""先富"的意识？这就需要教育来提供先飞的翅膀和先富的工具。"一个国家不仅需要培养学术尖子，还要培养职业尖子，即各行各业的专业人才，这是国家的核心竞争力之一。如果没有严谨、完整、高标准的职业培训系统，一个国家就不可能取得经济和社会发展的成功。"[2] 俗话说得好，家有良田万顷，不如薄技在身。要加强老区贫困人口职业技能培训，授之以渔，使他们都能掌握一项就业本领。[3]

---

[1] 韩晓晨：《软知识能降低青少年犯罪》，《中国青年报》2016年2月24日。
[2] 张蕾：《瑞士职业教育为何一枝独秀》，《光明日报》2015年9月1日。
[3] 习近平：在陕甘宁革命老区脱贫致富座谈会上的讲话，http://news.cntv.cn/2015/02/16/ARTI1424084156019884.shtml。

2015 年，德意志经济研究院发布《为欧洲青年而推进职业培训》报告，对德国、英国、意大利、葡萄牙、瑞士、瑞典和波兰等欧盟七国的职业教育体系展开细致入微的剖析，从中梳理了改革成功的十大要素，其中，至少有四点对内蒙古职业教育扶贫有借鉴作用。一是职业教育的吸引力。二是用人单位的责任心。三是社会组织的介入度。四是教育体系的开放性。[①]

在国家政策框架下，内蒙古要灵活开展职业教育扶贫活动，面向市场，面向农村生源的多样化需求，提高职业教育的吸引力、竞争力。

一是全区在贫困县启动职业教育扶贫攻坚计划。第一，完善涉农涉牧专业招生制度，打造多元招生格局。完善高职涉农涉牧专业"校考单录"或"校考+高考"自主招生等相关政策；研究出台涉农涉牧职业院校在招生计划未完成情况下，自主补录农牧类学生的招生政策；提高职业院校涉农涉牧专业学生对口中职升高职、专科升本科的升学比例，开通农牧业人才成长的直通车；研究出台农牧业大户及其子女免试推荐入学体制机制，实行定向招生与培养等。[②] 第二，加大投入。提升全区贫困地区职业教育的质量，政府应高度重视，以政府办学为主，赋予县级政府办好职教中心的行政职责，并列入县级政府责任和政绩考核的内容，保证政府部门充分履职，像重视义务教育一样重视职业教育，加大并确保各项财政经费投入。按照财政部 2014年 10 月下发的《关于建立完善以改革和绩效为导向的生均拨款制度加快发展现代高等职业教育的意见》，2017 年，全区高职院校年生均财政拨款水平不低于 1.2 万元。为了督促严格执行这一精神，一方面，建立以改革和绩效为导向的高职院校拨款制度和生均拨款奖补机制，对于贫困县较多的市高职院校特别拨款，在 2017 年未达 1.2 万元标准的市，除不再安排高职生均奖补资金、职业教育专项资金外，还将调减招生计划；另一方面，加大对地方政府的考核力度，把高职院校投入和地方政府及其官员的政绩、升降挂钩。同时，设立农牧类人才培养专项基金，优先支持发展涉农涉牧职业教育。第三，提升统筹中高职学校发展的重心和能力，至少应提升至地市级政府层面，有条件的地区可提升至自治区级层面。加强中高职学校市或自治区级的统筹领导能力，根据当地区域内经济与社会发展需要、传统特色资源、基础与未来发展趋势等，适当考虑优化市或全区范围内中高职学校的布局，或做

---

① 俞可：《高失业率倒逼欧盟职教改革》，《中国教育报》2015 年 11 月 22 日。

② 徐和昆：《学农爱农兴农如何做到你情我愿》，《中国教育报》2015 年 9 月 7 日。

强做大，或合并整合，或融合市及全区职业教育与培训资源。①

二是成立职业教育和就业服务局。将教育局的职业教育、成人教育职能与人社局的培训、就业职能抽离出来，专门负责职业教育与就业服务。在人员编制上进行大规模增设，业务范围也扩大到职业教育、培训、就业、金融服务等，真正实现职业教育、技能培训、就业服务的一体化管理，使职业教育和就业服务实现无缝对接。同时，推行"职业学校+实训基地+企业"的职业教育集团模式。建设公共实训基地，吸纳职业学校、培训机构和企业入驻，既是学员技能培训的场所，也是企业免费使用的生产车间。②

三是校企合作实现"无缝"对接。第一，政府做"加号"。全区各级政府要在学校、企业二者间做"加号"，从政策支持、场地、资金等方面大力支持。一方面，对校企合作中企业一方做出强制性规定，采取补贴、惩罚等办法，调动企业主动参与校企合作；另一方面，大力鼓励贫困地区中高职学校主动与自治区内外大中型企业和农牧业专用合作社联系。第二，针对企业在校企合作中面临的现实困境，应努力探索发展股份制、混合所有制职业院校，积极开展公办民助、民办公助、股份制等多元化办学改革试点。实现企业是学校的，学校也是企业的，双方深度融合，各负其责，实现真正的校企融合。第三，全力推行现代学徒制。现代学徒制是深化产教融合、校企合作，推动职业教育改革创新的一种重要形式。利用人社部、财政部决定在内蒙古等地开展"企业新型学徒制"试点的机会，全区应尽快选择条件成熟的大中型企业作为试点单位，每家企业选拔 100 人左右参加学徒制培训，并迅速总结经验，在所有贫困县推广。③

四是提高教育内容的针对性。2015 年 8 月，中国青年报社会调查中心通过益派咨询对 1244 人进行的一项调查显示，84.2%的受访者认为有"一技之长"值得自豪，66.3%的受访者认为有"一技之长"可以保证一个人有养家糊口的工作，61.5%的受访者认为有"一技之长"可以促进行业创业、创新，55.3%的受访者认为有"一技之长"可以提升生活品质，55.3%的受访者认为有"一技之长"可以让自己在工作竞争中脱颖而出，50.7%的受访者表示有"一技之长"是个人价值的体现，30.0%的受访者认为有

① 庞丽娟：《优化中高职学校布局有效提升扶贫能力》，《光明日报》2016 年 3 月 29 日。
② 潘志贤：《河南职教七年攻坚：人口大省培养人才大军》，《中国青年报》2015 年 11 月 22 日。
③ 白天亮：《企业新型学徒制试点启动》，《人民日报》2015 年 8 月 11 日。

"一技之长"有助于提高个人社会地位。在回答"如何改变高技能人才缺失的局面"的问题时，59.8%的受访者表示应注重对传统技艺的传承，38.4%的受访者认为需提高职业技能教育的水平。[①]

就"职业""教育"的本质看，职业是变化的，教育是永恒的，职业教育是变化与永恒的统一；职业具有工具性，教育具有文化性，职业教育是工具与文化的统一；职业是现实的，教育是理想的，职业教育是现实与理想的统一。"三个统一"才是职业教育"跨界性"的本质特征。职业教育的培养目标必须是德才兼备的，不同的只是"技术技能型"。为此，就必须施行发展个性、触及灵魂的职业教育。[②] 同时，应更好地加强"一技之长"的培养。发达地区的职业院校有形也有神，贫困地区的职业院校是形似但神不似。要解决形神兼备的问题，在专业、教材、队伍等领域的建设都要做好不现实，但做好一两个方面是完全可以的。第一，就业上展示优势。全区贫困县职业教育除继续保持学生喜欢、市场急需的专业外，还应该尽快把中等职业教育的相关专业与 2015 年新修订的《普通高等学校高等职业教育（专科）专业目录（2015 年）》进行无缝对接，发挥职业教育作为大众创业、万众创新重要基地的功能，大力设置为贫困县经济社会发展的专业。同时，实行分段培养模式，完全打通中职毕业生上升通道。如中职毕业生可以通过中高职"3+2"、中职本科"3+4"模式，进入高职和本科院校学习，培养"经济适用型"人才。第二，创业上显示不凡。多措并举培养创业者，如加强指导教师培养、加强创业教育培训、加强实践活动体验、加强创业政策扶持等，尽最大努力培养出更多创业者。

五是大力培养培育新型职业农牧民。对农牧民来说，富民不仅是"富口袋"，更要"富脑袋"。扶贫攻坚关键在培养培育新型职业农牧民。只有当农牧民成为扶贫的主体力量，而不是处于"外围"，扶贫工作才能保持源源不断的动力和活力。在培养培育新型职业农牧民方面，职业教育具有无法取代的优势。培养模式可分为面向在校学生的院校培育模式与针对已就业农牧民的在职培育模式。后者可以按照"自治区级设立农民大学，市级设立农民学院，县级设立农民学校"的思路，建立分级、分层、分类的新型职

---

① 王琛莹、马越：《84.2%受访者认为有一技之长值得自豪》，《中国青年报》2015 年 8 月 13 日。

② 曹勇安：《回到原点再认识职业教育——对职业教育若干问题的哲学思考》，《中国教育报》2015 年 8 月 10 日。

业农民培育体系。①

此外，到有初中毕业生、高中毕业生的贫困地区学校，和他们进行广泛持续地交流，提高其对职业教育重要性的认识，留住生源，改善职业教育生态。同时，动用各种力量，讲清诸多好处，主动力劝每个贫困家庭初中和高中毕业后未继续升学的学生，接受职业教育培训。必要时可以强制贫困退学生、贫困辍学生接受免费职业教育，培养"造血"能力。对于现有留在贫困县原居住地的农牧民，凡是 50 岁以下的，强制进行免费的职业教育，争取学得一技之长，为脱贫致富打下基础。凡是 60 岁以上的，可以采取先富者帮扶办法，力争进行一对一的培训，学得一些基础性脱贫技能，以求不拖"后腿"。

鼓励全区贫困县农牧业企业、专业合作社、乡镇的农牧技术人员参加继续教育和业务培训，实施农牧业专业技术人才知识更新工程和青年创业致富"领头雁"培养计划，以订单培养、政府购买服务等方式委托农牧业职业院校开展继续教育，打造一支适应农村牧区经济发展需要、拥有现代生产管理知识、在农村牧区各领域中具有较强带动能力的实用人才和拔尖人才队伍。②

三 推进乡村教师队伍治理能力现代化

1. 提升"县管校聘"能力

2015 年 9 月 9 日，习近平总书记给"国培计划（二〇一四）"北师大贵州研修班参训教师的回信中指出："扶贫必扶智。让贫困地区的孩子们接受良好教育，是扶贫开发的重要任务，也是阻断贫困代际传递的重要途径。""发展教育事业，广大教师责任重大、使命光荣。希望你们牢记使命、不忘初衷，扎根西部、服务学生，努力做教育改革的奋进者、教育扶贫的先行者、学生成长的引导者，为贫困地区教育事业发展、为祖国下一代健康成长继续作出自己的贡献。"③ 在这里总书记充分肯定了教师是教育扶贫的先行者。教育大计，智力脱贫，教师为本。切实解决内蒙古贫困地区教师长期存在的"下不去、留不住、教不好"的问题，就必须建立完善教师队伍建

---

① 劳赐铭：《农民学院：培育高素质的庄稼汉》，《光明日报》2015 年 6 月 21 日。
② 徐和昆：《学农爱农兴农如何做到你情我愿》，《中国教育报》2015 年 9 月 7 日。
③ 《习近平给"国培计划（二〇一四）"北师大贵州研修班参训教师回信》，《人民日报》2015 年 9 月 10 日。

设的长效机制，而"县管校聘"就是其中一个重要机制。

虽然目前内蒙古暂时没有"县管校聘"示范区，但应未雨绸缪，为2020年"县管校聘"顺利落地打好基础。一方面，在积极考察其他省（区、市）"县管校聘"示范区运作过程中，全面总结经验、教训，尽量做到政策措施落实一步到位；另一方面，应积极大胆超前探索，选择1～3个贫困县进行试点，从实践中总结得失。

"县管校聘"改革推进的关键主要有四点：内蒙古自治区区级政府要成为"主导人"；各级政府按比例分担经费；利益补偿办法应多元多样；重点配套措施要优先到位。首先，应建立县域内统一的义务教育教师编制制度、工资待遇制度、职称晋升制度和社会保障制度，这是保证教师"能动"的制度基础。其次，建立县域内统一的义务教育教师培养培训制度、奖惩激励制度和监管督导制度，这是促进教师"愿意动"的制度基础。最后，要建立县域内城乡经济社会一体化发展制度，努力优化区域内经济社会发展环境，缩小区域内差异，这是推进教师"持续动"的制度基础。[1] 如关于乡村教师编制问题，一是相关部门应重新审视编制制度，不该被"编制"本身捆住手脚，而应更多地考虑乡村学校实际情况，广泛征求学校的意见，不以师生比为分配教师编制的标准，以制定更加合情合理的编制名额与定员比例。二是从学区或中心小学选派有编制的教师到村小、教学点任教。三是满编超编的乡村学校的编制问题，可以尝试建立乡村学校教师临时周转编制专户。专户编制不计入中小学编制总额，由机构编制管理部门单独管理。按照教师"退补相当"原则，解决总体超编但学科结构性缺员问题，保证开齐开全国家规定课程。通过撤并、改企转制等方式收回事业机构编制资源，优先保障新设中小学机构编制需要。[2] 总之，按照《关于印发〈乡村教师支持计划（2015年—2020年）实施办法〉的通知》要求，全力打通乡村教师各种职业发展通道：待遇通道、培训通道等，并把实施情况纳入对市、县政府的绩效考核体系。

2. 招录标准人岗匹配

坚持人岗匹配，让乡村教师招录回归理性，不盲目攀比、不高要求，根据全区贫困地区实际情况确定招考差别化标准。具体内容如下。

---

① 张旺：《"县管校聘"难题咋解》，《中国教育报》2015年9月2日。

② 魏海政：《山东设中小学教师临时周转编制专户》，《中国教育报》2015年9月25日。

一是以贫困县籍青年人、中年人为主。

二是差别化标准。学前教育教师招聘，应是软件重于硬件，重在爱心、责任心、耐心、细心。义务教育教师招聘，继续强调软件重于硬件，只是学历要求应有所差别。鼓励支教走教，完善乡村教师补充机制。关于特岗教师招录，应降低招考标准。全区各地特别是贫困县根据实际情况灵活制定招考标准，只要是高职的都允许报考。为了满足高中毕业生的需求，个别条件艰苦的地方报考条件可以放低到高中毕业生。

三是解决 3 年后的编制问题。特岗教师服务期满后，除非素质太差，否则，只要他们愿意留下来，就解决编制和工作岗位，让他们继续安心工作。

四是尽量就近安排工作。

五是特岗教师服务期间，符合职称条件的，评聘相应职称。

六是年初列入计划，在大学生毕业前完成录取工作，保证 9 月能够及时开课。

这里，我们特别强调大力培养本土教师。与全区城市教师比较，乡村教师特别是贫困县乡村教师最重要的是"留下来的能力"，对外公开招考和调配是重要补充手段，但在"跳板心态"下其稳定性无法与本土教师相提并论。[①] 一方面，采取乡村学校教书、城镇安家的模式；另一方面，创新教育培养模式，采取定向招生、定向培养、定向就业的方式。实际上，自治区已意识到乡村教师本土化的重要性，出台的《关于印发〈乡村教师支持计划（2015 年—2020 年）实施办法〉的通知》就专门提出"加强乡村教师本土化培养"。为此，在实施国家部属师范院校师范生免费培养计划的基础上，在 2017~2020 年委托内蒙古师范大学、内蒙古民族大学等院校，实施贫困县乡村学校"免费定向培养师资计划"，专门招收贫困县农村牧区学生，为贫困县乡村学校培养本土教师。

3. 努力提升待遇治理能力

教育质量主要由"过程质量""结构质量""劳动环境质量"三个关系密切的要素组成，教师待遇是"劳动环境质量"要素的核心内容。事实表明，合理的、稳定的、有竞争力的待遇，有助于增强乡村教师良好的职业感受，使他们能够更自信、更有尊严地从事专业工作，也能增强乡村教师职业

---

① 廖德凯：《稳定乡村教师队伍还应靠本土化培养》，《中国教育报》2015 年 9 月 23 日。

的吸引力。① 教育部政策法规咨询专家、中国人民大学教育学院院长秦惠民教授说："正确的导向应该是推动好的管理者和优秀教师向薄弱校和教育相对落后的地方流动，以改善薄弱校和落后地区的教育，造福那里的孩子，推进均衡化的发展。""这就涉及到教师待遇问题，好的待遇才能吸引人，留住人，偏远地区收入低，人往高处走，如何能留得下老师和管理者，澳大利亚中部相对落后地区的教师待遇是悉尼同等教师收入的 3 倍。"② 我们非常赞同河北邢台市南陈村小学副校长尹文明所言："我感觉提高乡村教师待遇必须要幅度大，必须让人家眼红，这样才会有城里的老师主动去农村。"③ 乡村教师拥有正常的社会职业，待遇理应受到来自制度的系统保障。还一个职业应有的认可与尊严，这必须是制度设计的"规定动作"。因此，提升乡村教师待遇问题最终还是必须由政府主导推进，从根本上解决全面覆盖的目标，这是最基本的政策正义问题。④ 面对全区 4.6 万余名乡村教师⑤，其高待遇问题应该不难解决。

工资方面。"非常之功"必待"非常之人"，"非常之人"必待"非常之策"。再穷不能穷教育，再穷不能穷乡村教师。内蒙古自治区各级领导应真正以乡村教师为本的负责态度，不仅让乡村学校建筑最美，更重要的也要乡村教师"工资最美"，让乡村教师真正成为有尊严的职业，真正全身心地投入教育教学中，真正形成人人想当、争当乡村教师的局面，真正发挥教育扶贫的作用。为此，在"十三五"期间，全区应拿出"十个全覆盖"工程的勇气、干劲，彻底解决苏木乡中心区、嘎查村学校（包括教学点）在编在岗教师工资低的问题，其平均工资水平至少高于当地公务员的最高工资水平，抑或是当地公务员平均工资水平 1~2 倍，真正形成"越往基层、越是艰苦，地位待遇越高"⑥ 的激励机制。如果感觉一步到位资金压力大，可以先在贫困县苏木乡中心区、嘎查村学校（包括教学点）在编在岗教师中实行，然后逐步覆盖全区其他苏木乡中心区、嘎查村学校（包括教学点）在编在岗教师。

---

① 何锋：《以改革创新思维突破幼师待遇瓶颈》，《中国教育报》2015 年 9 月 13 日。
② 王心禾：《义务教育法管不了"重点班"？》，《检察日报》2015 年 9 月 23 日。
③ 袁桂林：《农村教师收入要高到让别人眼红》，《中国青年报》2015 年 8 月 3 日。
④ 刘涛：《援助乡村教师渴望机制创新》，《中国教育报》2015 年 9 月 18 日。
⑤ 章奎：《乡村里的坚守》，《内蒙古日报（汉）》2015 年 9 月 10 日。
⑥ 《内蒙古自治区人民政府办公厅关于印发乡村教师支持计划（2015 年—2020 年）实施办法的通知》，《内蒙古自治区人民政府公报》2016 年第 3 期。

补贴方面。鉴于乡村教师的工作地点、工作性质与工作任务的特殊性，在自治区即将制定的乡村教师岗位补贴具体办法中，一是提高补贴基数，在现有补贴标准上至少增加1倍，且上不封顶。二是区别对待，实行差别化补贴，苏木乡中心区在编在岗教师工作补贴标准高于苏木乡镇工作补贴标准，嘎查村学校（包括教学点）在编在岗教师工作补贴标准高于苏木乡中心区在编在岗教师工作补贴标准。可以先在贫困县苏木乡中心区、嘎查村学校（包括教学点）在编在岗教师中实行，取得经验后逐步在全区其他苏木乡中心区、嘎查村学校（包括教学点）在编在岗教师中推广。

职称方面。一是大幅度增加乡村学校高级、中级职称数量，以使越来越多的乡村教师能够评上高级职称、中级职称。二是健全职称评审的标准。师德和实绩考核必须建立起一套客观的评价标准，要更具可操作性，如师德由谁来评价、实绩有什么标准、实践经历怎么认定等，能量化的就量化，能固化为制度的就固化为制度，让托关系、走后门等不正之风无处遁形。[1] 三是完善评价方式。要把发展性评价和终结性评价结合起来，要注重评价的多元化，评价的主体不能仅仅是教师，还要把家长和学生考虑进来。事实上，他们是最有发言权的，教师好不好，家长和学生往往最有体会，他们的评价往往最中肯。健全同行专家评审机制，最好能让学校领导回避，整个流程由第三方操控。四是自动上升。不妨采取"职称年限制"，即服务到了一定年限，符合一些相关的基本条件就自动晋升。[2]

重大疾病救助方面。建议只要有重特大疾病的乡村教师全部都纳入救助范围，并对乡村教师直系亲属中有重特大疾病的，也应给予适当救助。可以先在贫困县苏木乡中心区、嘎查村学校（包括教学点）在编在岗教师中实行，然后逐步覆盖全区其他苏木乡中心区、嘎查村学校（包括教学点）在编在岗教师。

教师荣誉方面。应明确规定奖金数量，如按照1年奖励1000元的最低标准，就应对在乡村学校从教10年的教师颁发荣誉证书并发放奖金1万元，对在乡村学校从教20年的教师颁发荣誉证书并发放奖金2万元，对在乡村学校从教30年的教师颁发荣誉证书并发放奖金3万元。如果感觉一步到位资金压力大，可以先在贫困县苏木乡中心区、嘎查村学校（包括教学点）

---

① 魏海政：《中小学教师职称改革红利究竟有多大?》，《中国教育报》2015年9月9日。
② 魏海政：《中小学教师职称改革红利究竟有多大?》，《中国教育报》2015年9月9日。

在编在岗教师中实行，然后逐步在全区其他苏木乡中心区、嘎查村学校（包括教学点）在编在岗教师中实行。

岗位管理方面。第一，乡村学校高、中级专业技术岗位结构比例高于城区同学段学校。第二，在城区学校职称总量中预留一定比例的高、中级专业技术岗位，专项用于校长、教师交流工作，鼓励城镇优秀校长、优秀教师到乡村学校任职任教。第三，评聘完全对接，实现即评即聘。第四，为了对应乡村教师荣誉制度，实践中如果这样操作似更合理：对于在乡村学校教学一线连续从事教育教学工作满 10 年，直接评聘中级专业技术资格、岗位。对于在乡村学校教学一线连续从事教育教学工作满 20 年，直接评聘高级专业技术资格、岗位。

加快实施乡村教师周转房建设。《实施办法》提出了两个解决办法：一是"各地区要采取切实措施，通过利用闲置校舍改造、新建教师周转宿舍等方式，进一步加快乡村学校周转宿舍建设，彻底解决乡村教师周转宿舍问题，为交流到乡村学校的校长教师提供生活保障"；二是"各地区要按有关规定，将符合条件的乡村教师住房纳入本地区住房保障范围，予以统筹解决"。① 为此，应在彻底落实文件精神的基础上，一方面借"十个全覆盖"工程之力，推进周转宿舍建设步伐，加强乡村教师公租房建设；另一方面鉴于部分乡村教师由于学校没有建设周转房而在城镇买房的情况，可以采取一次性或多次的方式予以一定的经济补贴。

加强生活关心。既要重视提高他们的物质待遇，也要注重改善和丰富他们的精神文化生活，包括关注他们的婚恋生活，如组织未婚农村牧区教师定期交友活动，或建立相关婚恋网站。同时，妥善解决乡村教师子女入托、上学等问题。

4. 建立健全乡村教师分流、退出和流动机制

《关于印发〈乡村教师支持计划（2015 年—2020 年）实施办法〉的通知》提出："各地区要全面推行聘用制度，进一步规范和完善聘用程序，把聘用合同作为乡村教师人事管理的基本依据，通过聘用合同规范学校与教师的人事关系，建立和完善以合同管理为基础的用人机制。按照国家教师资格考试和定期注册制度改革工作的总体要求，推进我区改革试点工作，建立体系完善、标准统一、认定规范、管理科学的教师职业准入制度，强化申请认

---

① 董洪亮：《以改革造就更多中小学教育家》，《人民日报》2015 年 9 月 11 日。

定人员的教育教学能力考查，提升教师职业准入门槛，为教育改革发展提供人才保障。按照中小学教师定期注册制度要求，加强对乡村教师入职后的工作考核和从教资格的定期核查，促进乡村教师整体素质和水平的提高。"[1]为此，应尽快建立健全乡村教师合理有效的分流、退出机制，使乡村教师群体提高竞争意识，感受到社会竞争的压力，从而激发起内在动力，提高工作积极性，使整个学校充满活力。

由自治区顶层设计，统一协调，周密部署，实现乡村教师聘任制，通过在全区建立健全乡村教师分流、退出机制和优秀教师补充机制，采取先试点后推广的做法，尤其是抓好新进教师的聘任工作（每个聘期一满，严格考核，不合格即辞退或分流），并在待遇方面出台诸多优惠政策，鼓励富余教师到贫困县乡村学校工作，既达到分流的目的，也有助于迅速改善乡村教师队伍结构，从而全面提升贫困地区乡村教师整体素质。

有人担心，本来贫困地区乡村教师就不够，再实行分流、退出机制，岂不是没有教师了。其实这种担心没有必要。就我们在全区部分贫困县调研发现，想做教师的大有人在，供给量远远超过需求量，为乡村教师分流、退出机制的建立提供了可能性。

合理有效的分流、退出机制至少包括三个方面：科学标准——解决谁退出的问题；公平的程序——解决怎么退的问题；明确权力主体——解决谁执行的问题。同时，必须建立和完善乡村教师退出后的社会保障制度，以尽量减少乡村教师退出后的后顾之忧，防止对社会造成负面效应，维护社会和谐稳定。[2]

另外，建立健全乡村学校优秀校长、优秀教师的流动机制。一是如果有大用、要重用，可以上调。二是出台诸多优惠政策，鼓励他们继续立足乡村学校，发挥应有的作用。这些人是乡村学校难得的优秀人才，要留住他们，就需要非常之策，如在工资、职称、住房、社会保障等方面给予大幅度倾斜。

5. 提升乡村教师素质

教育部教师工作司负责人指出"国培计划"（全称是"中小学幼儿园教

---

[1] 《内蒙古自治区人民政府办公厅关于印发乡村教师支持计划（2015年—2020年）实施办法的通知》，《内蒙古自治区人民政府公报》2016年第3期。

[2] 杨卫安：《教师"铁饭碗"能打破吗》，《中国青年报》2016年3月28日。

师国家级培训计划"）今后改革工作重点有五个内容：一是改进培训内容，贴近一线乡村教师实际需求，提升培训针对性；二是创新培训模式，推行集中面授、网络跟进研修与课堂现场实践相结合的混合式培训，实现学用结合；三是加强培训者队伍建设，打造"干得好、用得上"的乡村教师培训团队，提升各地培训能力；四是建立乡村教师专业发展支持服务体系，构建区域与校本研修常态化运行机制，持续提升乡村教师能力素质；五是优化项目管理，整合高等学校、县级教师发展中心和中小学幼儿园优质资源，实施协同申报，探索教师培训选学和学分管理，形成乡村教师常态化培训机制。[①] 应该说，这些都是全区乡村教师针对性培训必须遵循的。

提升素质能力，让内蒙古自治区全区乡村教师"教得好"，提升乡村教育质量。扶贫必扶智。让贫困地区的孩子们接受良好教育，是扶贫开发的重要任务，也是阻断贫困代际传递的重要途径。党和国家已经采取了一系列措施，推动贫困地区教育事业加快发展、教师队伍素质能力不断提高，让贫困地区每一个孩子都能接受良好教育，实现德智体美全面发展，成为社会有用之才。[②]

乡村教师培训规划出台前，相关部门应认真组织相关专家深入乡村教师中进行充分调研，以便规划更接"地气"，内容更符合他们的需求。实施过程中，应认真选择专家。建议来自国家级、自治区级重点中小学的优秀教师占 1/3，来自乡村学校的优秀教师占 2/3，用一线优秀教师的成长范例激发他们的内在动力。同时，不能仅仅依赖网络平台，更应是"教师不动专家动"，尽量少组织集中培训，多组织专家主动深入乡村学校，开展有针对性的培训，也可以组织适量的学生参加。如内蒙古师范大学采取"国培计划"置换脱产研修计划等有效模式，破解困扰全区乡村教师培训的"三差"（参训率低、积极性低和后效性差）难题，努力实现培训效果的"三实"（实践性、实用性、实效性）突破。事后考核，应以受训教师的评价为准，以培训效果为准，而不能挂在网上以为学习时间、完成作业就万事大吉。

---

① 靳晓燕、王照宇：《促进"种子教师"在乡村生根发芽——"国培计划"走过五年》，《光明日报》2015 年 9 月 22 日。
② 《给"国培计划（二〇一四）"北师大贵州研修班参训教师的回信》（2015 年 9 月 9 日），《人民日报》2015 年 9 月 10 日。

四　提升高校贫困生帮扶能力及质量

在党的十九大报告中指出，优先发展教育事业，健全学生资助制度；坚决打赢脱贫攻坚战，坚持大扶贫格局，注重扶贫与扶智、扶志相结合。把对贫困大学生的帮扶放在打赢扶贫攻坚战的关键地位，并指明了扶贫与扶智、扶志相结合的帮扶路径。目前，我国在高等教育阶段建立了以国家奖助学金和国家助学贷款为主、其他资助项目为辅的国家资助政策体系，从制度上基本实现了不让一个学生因家庭经济困难而失学的目标。

《2017年末全区扶贫开发建档立卡数据统计表》显示，2018年，全区计划脱贫201574人，其中，教育扶持人数25038人，占比为12.42%。其中，乌兰察布市的教育扶贫任务最重，有11110人，占教育扶持总人数25038人的44.37%；其次是赤峰市，有6604人，占比为26.38%；第三是兴安盟，有2298人，占比为9.18%；第四是通辽市，有2107人，占比为8.42%；第五是呼伦贝尔市，有1237人，占比为4.94%。乌海市、阿拉善盟教育扶持人数都为0，其他5个盟市都在29~869人。显然，2018年全区教育扶贫的任务并不重，完全有足够的精力在抓好"精准资助"的基础上，重点做好"资助育人"，确保每位家庭经济困难学生不仅经济上能够顺利入学，而且能够顺利完成各个阶段的学业，努力成人成才。

1. 大力提升贫困生素质，解决其融入难、学业难、出口难问题

一是学校应帮助每个贫困学生根据自身特点，选择适宜自己的成长路径，建立"私人定制"的学习模式，从而在身心愉悦的状态中实现良性成长。

二是进一步组织学校党员干部、教师、优秀学生实行"一对一"的帮扶模式，全方位帮助贫困学生持续提升综合素质。同时，从各个方面争取社会组织的大力支持，形成校内外帮扶合力。

三是就业实行"一生一策"。如在全区各高校应尽快建立健全精准推送就业服务机制，特别是重点关心家庭困难毕业生、少数民族毕业生、农村生源毕业生、残疾毕业生等各类就业困难群体，促进他们更加充分和更高质量就业。

2. 提高双语教育质量，加大扶持力度

对少数民族学生来讲，接受教育的语言选择有三种情况，一是少数民族学生以少数民族语言文字接受教育，这里包括本民族学生，也包括借助该少

数民族语言文字接受教育的其他民族的学生；二是在接受少数民族语言文字教学的同时接受汉语汉文教育，即通常所说的双语教育；三是少数民族学生选择接受汉语汉文教育。

双语教育已经成为多元文化背景下少数民族个体成员接触、吸收主体民族文化和融入主流社会的主要途径，但跨民族、跨文化的学习加大了他们获取成功的机会成本，要实现教育结果的公平则必须要付出更高的代价，而且这种高代价并不一定会换回预期的结果。在通常情况下，接受"民汉"双语教育的少数民族学生获得工作的机会要明显大于单纯使用少数民族语言文字授课的同等学力学生，但是与同等学力的汉族学生竞争则大多会处于劣势。这种状况一定程度上讲是"双语"教育与"单语"教育之间不同的"代价含量"所造成的教育结果公平缺失的表现。

提升双语教学的效果，必须要针对学生的实际制定教学计划、教学内容。据我们了解，针对双语授课的学生开设的汉语文课程，对学生汉语能力的提高效果并不明显，一些古汉语及经典的选择，让很多学生学习起来一头雾水，离实际应用距离很远。另外还要多提供锻炼的机会，动手、动脑。笔者曾经给蒙古语授课的学生监考计算机操作考试的经历，发现很简单的题目，学生答起来很费劲，这与学生接触计算机时间晚有很大关系。因此，除了用汉语汉文学习人文知识之外，动手操作能力培养也是十分重要的。但是据了解，通辽市市区内用蒙古语教授电脑操作的培训班还没有。在赤峰市，根据各旗县政府的统计数据和本课题组的座谈走访了解，2014~2017年蒙授毕业生在行政事业编制考录就业方面，大多数旗县未达到15%的比例要求（根据上级要求，赤峰市在公务员、事业单位考录和招聘方案起草前，分别以市直系统和旗县区为单位下达硬性指标，本着岗位兼顾、蒙授生优先的原则，要求蒙授生岗位设置必须保证不低于15%的比例，且尽量安排在专业性不强和学历层次要求相对较低的岗位）。只有巴林右旗达到和超过15%，左旗、克旗11%左右，个别旗县甚至更低。在近几年市直单位录取的公务员中，蒙古语授课毕业生极少；一些窗口单位和公检法司等机关基本没有考录的蒙授生；个别单位和部门上报考录计划时，考虑专业和学历设置多，考虑蒙授生就业问题少；牧区未能就业在家务农在外打工的蒙授生较多，这些人群中男生且单身或家庭困难负债的占相当比例，也比较普遍。

3. 完善贫困生帮扶制度，避免扶贫资金流失

切实解决"真假贫困生"问题。一般来讲，"真假贫困生"问题在学前教育、义务教育甚至高中教育阶段都不存在，这个问题主要凸显在高校。为了进一步解决这一问题，2018 年 3 月，全国学生资助管理中心在京召开的 2018 年中央部属高校学生资助年度工作会上强调，2018 年，高校学生资助工作要把好制度关、评审关、公示关和发放关这"四道关"。把好制度关，不得出现附加额外资助条件、降低资助标准、改变资助用途、伤害受助学生心理等制度变形缩水现象。把好评审关，不得出现平均资助、轮流坐庄、暗箱操作、人情资助等现象，坚决杜绝把明显不符合国家奖助条件的学生纳入资助范围。把好公示关，既要确保资助工作公开、公平、公正，又要保护好受助学生隐私、维护每个人的尊严。把好发放关，确保国家奖助资金按照政策规定及时、足额、规范发放到每位受助学生手中，坚决杜绝截留、挪用、克扣奖助资金行为，坚决杜绝跨学期甚至跨学年发放行为。[1] 显然，"四道关"中制度关、评审关是切实解决"真假贫困生"的问题，是重中之重。

为了"精准扶贫"，一是要提升基层治理力。提升村、组（社区）领导责任心、治理力，防止不作为、乱作为，保证不漏一个贫困生，保证不上一个"假贫困生"，真正把"真假贫困生"问题消灭在萌芽之中。一方面，村、组（社区）领导应主动作为，全面摸清辖区内当年考上大学的学生及家庭情况，对申请材料逐一仔细认真地复查，严格把关，对属于贫困家庭、但没有申请的劝其补上；另一方面，积极配合高校的复查，定期把新贫困生、脱贫生信息告知相关高校，以便高校及时掌握，随时更新"贫困生数据库"。

二是高校要完善相关治理机制。制定更加完善的大学生助学金政策、准则，使贫困生的认定更具人性化、操作性。对有疑问的证明材料，本着认真负责的态度，一定要不厌其烦地实地调研、家访、到学生所在的高中核查，确保"精准助学"。同时，加强对大学生诚信教育，让他们把"假贫困生"的惩处办法告知家长，让其知难而退。

三是要委托第三方介入。为了公平公正，实现"精准助学"，也为了减轻高校负担，建议相关部门委托第三方机构负责，在事前、事中、事后进行全程把关，特别是对贫困生资料进行全面复查。

四是要严惩"假贫困生"。建立健全大学生信用体系机制，让"假贫困生"付出惨重代价，不敢造假。除追回"假贫困生"全部所得外，还可以"骗保""骗贷"论处，告知用人单位，在参军、公务员考试、学校评优、

---

① 胡欣红：《新"读书无用论"能否倒逼教育变革》，《中国青年报》2015 年 8 月 6 日。

推荐免试研究生等方面给予限制。

五　加大教育服务贫困地区力度

如何达到民族教育扶贫的最大功效，特别是民族地区高校最大化地发挥优势，是高校在参与精准扶贫时必须明确的问题。一些高校将实践与理论结合，形成了一些切实可行的模式，可以将这些模式推广，形成更大的辐射效应。

一是在全区实施高校帮扶贫困县贫困村贫困户贫困人口行动计划。到2017年底，全区共有普通高等学校53所；在校学生44.8万人，其中，少数民族在校学生11.7万人，少数民族在校学生中有蒙古族学生10.1万人。[①]这是一支巨大的扶贫力量，可以在产业扶贫、教育扶贫、健康扶贫、文化扶贫、语言扶贫等领域发挥重要作用。重点聚焦深度贫困县，让53所高校负责15个深度贫困县的相关扶贫攻坚工作，各院系帮扶贫困村，鼓励和带动教职工、学生帮扶贫困户、贫困人口，特别是按照相关文件规定，进一步强化教职工党员帮扶贫困户、贫困人口的力度，如尽量在资金上支持；在产业发展方向上给予建议；在培养培训产业队伍上给予帮助，引导专家教授针对职业农民开展全周期跟踪指导和服务，支持职业农民成立专业协会或产业联盟；动员和组织工会、食堂、教职工尽量购买扶贫产品等。

内蒙古自治区教育厅出台支持性政策，鼓励贫困地区大学生成立反哺家乡支教队，鼓励非贫困地区大学生成立贫困地区支教队，按照"集中活动+常态服务"模式，利用各自的优势，在各个方面为家乡和贫困地区做出力所能及的贡献。如借助学校的大学生社会实践平台，开展好社会生活教育，传播文明生活方式，引领形成充满正能量的社会新风尚；针对"读书无用"的错误观念，向村民们宣传接受教育的重要性，如发放爱心人士捐赠的学习用具，耐心疏导、宣传，让家长认识到让孩子接受良好教育的重要性；利用医学专业优势，向乡亲们普及医疗保健知识，使村民掌握一些多发疾病的预防和基本治疗方法；分批分班，为村里的孩子补习文化知识，课程包括政治、汉语、数学、英语、手工课、音乐、体育等，给他们讲述外面缤纷多彩的世界；帮助孤寡老人打扫卫生、与老人聊天等切实增进老年人幸福感；为

---

① 内蒙古自治区统计局：《内蒙古自治区 2017 年国民经济和社会发展统计公报》，http://www.nmg.gov.cn/fabu/xwdt/pic/201803/t20180329_665945.html。

贫困地区、贫困户的发展建言献策，特别是组织学生通过电商平台扩大产品销路。

扎鲁特旗巴彦塔拉苏牧萨拉嘎查党支部书记兼村委会主任、扎鲁特旗玛拉沁艾力养牛专业合作社社理事长吴云波就非常希望大学生多关注农村牧区、多关注贫困地区的发展，并尽量出策献力，他说：

今天来参观的大学生朋友（内蒙古民族大学的部分学生），应该都是我的弟弟妹妹，其中很多还是蒙古族，是我们农牧民的儿女，所以，有些话我还是想讲给你们听，或许我说得对，或许说得不完全对。对的东西可能会对你们产生影响，如果我讲错了，你们就一笑了之。

大家在接受完高等教育以后肯定是要走向社会的。能考上大学，证明了你们学业上的优秀，是家庭、家乡和民族的未来。但是，学生总有走出学校的那一天，那么，未来面对社会的时候，大家还是要多关注一下脚下的土地，多关注一下自己的家乡。从农村牧区走出去之后，那种"壮士一去不回头"不是明智的做法。自己的父母、自己的祖先，在生活里积攒下的东西是要传承下去的，这种传承要依靠你们。人无论走到哪一步，对家乡一定要有一种深厚的感情。否则，我想是不会把自己的家乡、自己的乡亲挂在心上的。当时创业开始的时候，我们理事会11个成员的平均年龄也不到30岁，也算是年轻人，通过差不多9年的努力，我们的合作社才发展到今天的状态。

有知识有文化的年轻人是我们特别看重的，比如我们现在有一种营销方式，就是网络认养。"我在玛拉沁艾力有一头牛"，这是在宣传我们的网络认养模式。一个人也可以养一头牛，一个人也可以养多头牛，多个人也可以养一头牛。这个模式起初运转得不算好，一直到去年才有所改变，主要原因就是我们人手少，宣传力度不够，特别是网络里的推广力度也不够。如果我们和内蒙古民族大学合作，搞认养这一块，我觉得还是可以做点事情的。

校园里也可以创业，大家可以成立一个玛拉沁艾力网络销售团队，我们可以联手，这样学生在上学期间就能懂得经济。咱们北方地区经济观念差，虽然我们教出了好的学生，虽然懂很多知识，但不会挣钱，经济理念差。人家南方的学生，从小就有挣钱的意识。我们的孩子们要对市场对接，父母已经脱离市场几十年，你们可不能和市场脱节。

此外，内蒙古应进一步利用北京市高校数量多、重点大学多的优势，积极与这些高校联系，多管齐下，鼓励高校师生从各个方面帮扶内蒙古贫困地区。

二是大力培养培育新型职业农牧民。对农牧民来说，富民不仅是"富口袋"，更要"富脑袋"。扶贫攻坚关键在培养培育新型职业农牧民，只有当农牧民成为扶贫的主体力量，而不是处于"外围"，扶贫工作才能保持源源不断的动力和活力。在培养培育新型职业农牧民方面，职业教育具有无法取代的优势。在继续做好"国家农村劳动力转移培训工程"和"农村实用人才培训工程"基础上，大力鼓励在贫困地区建立实训基地，进一步加强贫困人口职业技能培训，确保贫困家庭劳动力至少掌握一门致富技能。培养模式可分为面向在校学生的院校培育模式与针对已就业农牧民的在职培育模式。后者可以按照"自治区级设立农牧民大学，市级设立农牧民学院，县级设立农牧民学校"的思路，建立分级、分层、分类的新型职业农牧民培育体系，精准对接地方产业发展，找准农牧民需求，开设实用的培训项目，为贫困户送技术和知识，帮助他们更好地参与产业发展。培训方式上，通过深入贫困地区多次调研贫困人口，确定有效的培训方式。可以采取集中培训与送培上门、网上培训与线下培训相结合的方式，即是说，培训方式的选择以结果为准，哪种培训方式有效就使用该方式。如果可能，也可以联系贫困人口打工的单位，让其参与培训贫困人口的工作。

此外，动用各种力量，讲清诸多好处，力劝每个贫困家庭中初高中毕业后未继续升学的学生，接受职业教育培训。必要时可以强制贫困退学生、贫困辍学生接受免费职业教育，培养"造血"能力。对于现有留在贫困县原居住地农牧民，凡是50岁以下的，强制进行免费的职业教育，争取学得一技之长，为脱贫致富打下基础。凡是60岁以上的，可以采取先富者帮扶办法，力争一对一的培训，学得一些基础性脱贫技能，以求不拖"后腿"。

鼓励全区贫困县农牧业企业、专业合作社带头人和骨干、农牧技人员参加继续教育和业务培训，实施农牧业专业技术人才知识更新工程和青年创业致富"领头雁"培养计划，以订单培养、政府购买服务等方式委托农牧业职业院校开展继续教育，打造一支适应农村牧区经济发展需要、拥有现代生产管理知识、在农村牧区各领域中具有较强带动能力的实用人才和拔尖人才队伍。

三是发挥高校的科研优势，凝练教育扶贫的中国经验。教育脱贫攻坚的精准实施，除了依靠一线管理者的"工作直觉"和工作经验，学术界和教育专家还应该精准对接一线实际工作的迫切需求，设计、开发科学有效的操作工具，提供全方位的专业化指导，以保证政策实施有目标、有过程、有跟踪、有评价，在实施—评价—调整—优化中形成科学的管理闭环。教育扶贫领域相关理论和应用研究，比如政策实施效果评价、操作模式总结等，非高校和学者一己之力可以完成，因此需要在这一过程中构建政府—高校—社会组织—市场四维有效互动机制。政府有关部门可以甄选有研究基础的高校与之合作，根据政策推进安排，提出研究清单，有序、分级开放相关数据，让研究人员有米下锅，按需做菜，对症下药，在政策推进的过程中边实践、边研究、边评估、边监测、边校正，形成从实践到理论，由理论反哺实践的良性循环；高校在这一研究领域，更应开门做研究，践行"脚底板下的学问"，面向脱贫攻坚一线，尤其是可以聚焦教育扶贫领域，面向各利益相关方，充分整合研究资源，发现真问题，开展真研究，形成有用、好用的对策性研究成果。①

---

① 张晓京：《凝练教育扶贫的中国经验》，《光明微教育》2019年1月21日。

后　记

　　我对于内蒙古农牧区贫困问题的研究始于 2010 年前后。学校所在地通辽市是内蒙古或者说全国蒙古族分布最集中的地区，也是内蒙古自治区区内经济社会发展相对滞后的地区。长期的高校"民族理论与民族政策"课程的教学科研经历对我科研方向的确立产生了很大的影响，使我对蒙古族聚居的农牧区民生问题特别是贫困问题产生了浓厚的兴趣。

　　贫困问题是经济问题，但它可以由文化贫困而产生并影响到政治问题。正是因为贫困问题的重要性，以通辽市为例对内蒙古东部蒙古族聚居区贫困问题进行的研究获得了国家社科基金特别项目"北部边疆历史与现状研究"子项目"内蒙古东部蒙古族聚居区反贫困问题调查研究"（批准号：BJXM2010-58）、国家民委科研项目"蒙古族聚居区反贫困问题'非经济'研究——以通辽市为例"（批准号：10NM08）、内蒙古教育厅高等学校科学研究项目"蒙古族聚居区反贫困问题'非经济'因素研究——以通辽市为例"（项目编号 NJSY11196）三项基金的支持，获准立项，为我的研究工作提供了坚实的基础保障。在完成上述三项课题的过程中，我对内蒙古东部蒙古族聚居区贫困地区、贫困人口进行了大量调研，并在此基础上形成了一系列具有一定影响的研究成果：《多维文化视角下蒙古族聚居区贫困问题探析——以内蒙古自治区通辽市为例》（《内蒙古社会科学》2012 年第 1 期）、《多维文化视角下蒙古族聚居区贫困问题对策研究——以内蒙古自治区通辽市为例》（《民族论坛》2011 年第 7 期）。在此基础之上获批国家社科基金西部项目"内蒙古地区贫困人口现状与脱贫对策研究"（12XMZ09），形成了《内蒙古农牧区贫困问题的畸形消费致因探析》（《湖北民族学院学报》2014 年第 1 期）、《民族教育优惠政策与民族地区的"扶贫增收"》（《湖北民族学院学报》2012 年第 4 期）、《"扶贫攻坚"背景下内蒙古地区贫困问题研究》(《湖北民族学院学报》2013 年第 5 期)、《内蒙古地区农牧民科学素养水平调查研究》(《蒙古学研究》2014 年第 5 期)、《内蒙古农牧区深度贫困人口致贫原因探析》(《北方民族大学学报》2019 年第 1 期)等研究成果。其中《多维文化视角下蒙古族聚居区贫困问题探析——以内蒙古自治区通辽市为例》获内蒙古自治区第五届哲学社会科学优秀成果政府奖三等奖,《内蒙古农牧区贫困问题的畸形消费致因探析》获内蒙古自治区第六届哲学社会科学优秀成果政府奖三等奖,《教育公平、民族发展与和谐民族关系建构——以民族地区农牧民脱贫为切入点》获"内蒙古自治区第六届民族教育科研优秀成果"优秀奖。内蒙古财经大学李晶教授撰文《"内蒙古贫困问题研究"评述》(《民族论坛》2013 年第 12 期),对本课题的研究视角、研究方法、研究成效等给予了较高评价。主要观点在《抱团做大、恶补文化专家出内蒙古牧区脱贫"妙计"》一文中以专家观点形式展现,该文章在中国新闻网首发,后被中国民族宗教网、搜狐网、凤凰网等十几家主流网站转载。

内蒙古农牧区的贫困问题既具有当代中国农村贫困问题的共性,同时,由于历史、文化、民族等因素的综合作用又具有一定的特殊性,呈现出贫困人口分布的"民族性"、贫困成因的"文化性"、东西部地区贫困要素的"差异性"等特点。

第一,文化贫困是内蒙古农牧区贫困问题的主要致因和表现形式。经济发展的低水平导致农牧民接受教育的低程度,教育公平缺失导致贫困;科学素养传播途径的缺陷弱化了农牧民运用科学、摆脱贫困的能力,科学技术匮乏导致贫困;消极、落后的观念束缚着干部、农牧民的思维模式和行为方式,精神贫困导致经济贫困;非经济和反积累的消费文化导致扩大再生产投入的不足,畸形消费导致贫困,并从文化扶贫角度进行了政策应对。

第二,对于贫困问题的研究,研究者通常将研究重点锁定在经济领域,但对贫困形成及脱贫应对的非经济因素却关注不多,尤其是针对内蒙古地区蒙古族聚居的农村、牧区贫困更是鲜有专门详细的调查研究。试图在这个角度寻找自己的突破口,研究视角主要定位于文化、教育视角,具有一定的独到之处。

第三,国内学界对少数民族地区贫困问题的研究大多数是以西部地区为宏观研究对象，但具体到内蒙古地区，尤其是蒙古族聚居的农牧区的研究成果则很少见。从文化视角探究当前内蒙古地区尤其是蒙古族聚居区贫困问题致因及应对颇有新意。

第四，内蒙古农牧区贫困问题的研究要素是动态发展的。而且，由于区内自然禀赋、区位、交通等因素的差异，东西部地区贫困问题现状及应对都有很大的差异。鉴于内蒙古地区民族区情，将民族关系研究与贫困问题研究相结合，在加快少数民族和民族地区经济社会事业发展成为民族工作最主要的任务和目标的时代背景下具有十分重要的理论与实践意义。

第五，从研究方法上，应用民族学、社会学的田野调查、实证分析、问卷调查等研究方法，侧重教育、科学素养、思想观念、生活方式等非经济角度，对内蒙古地区贫困人口的形成原因及反贫困对策进行研究，在研究方法上也有一定的独到之处。

本书是对民族教育扶贫理论及其内蒙古实践的总结。之所以选择民族教育扶贫作为研究目标，这是因为治贫必要治愚，治贫必先治愚。民族教育扶贫可以使贫困家庭的孩子接受良好的教育，掌握一技之长，找到一份稳定工作，从而使这一户脱贫有了希望。因此，一定要把教育扶贫作为脱贫攻坚的优先路径选择，使贫困地区的孩子接受公平有质量的义务教育，阻断贫困代际传递。加快实施职业教育，尽快把初高中毕业未能升学的贫困家庭的孩子全部纳入免费职业教育计划内，给他们创造通过知识改变命运的机会。对高校贫困学生一要从经济上给予扶助，更重要的是要从走出校门、立足社会、回报家庭的角度进行扶持，这是一种最有希望的扶助。不仅如此，民族教育扶贫可以真正做到号准脉搏对症下药，对当前民族教育扶贫的短板下大力气加以克服。从教育起点、教育过程、教育结果三个方面保证教育公平缺失现象的被校正。教育精准扶贫作为国家精准扶贫"五个一批"之一，在处理复杂贫困问题时，应始终遵循贫困治理规律，因地制宜、精准施策。目前内蒙古的民族教育扶贫任务，在学前教育方面，重点要放在推动乡镇幼儿园和"一村一幼"建设，规范"一村一幼"辅导员管理；在义务教育方面，应确保适龄儿童接受义务教育，加大薄弱学校改造力度，推动寄宿制学校建设。在学生资助方面，应构建全覆盖的资助体系，不让任何一个孩子因贫失学；在乡村教师队伍建设方面，应实施贫困县义务教育乡村教师编制保障工程，满足贫困县"特岗计划"教师招聘需求；在营养扶贫方面，要推进农村牧区义务教育学生营养改善计划；在就业扶贫方面，以技能培训、岗位开发、劳务协作、就业服务为主要抓手，帮助贫困人口稳定就业。高校扶贫除了对高校贫困生的帮扶之外，高校智库的扶贫功效也有着十分重要的意义。

党的十九大报告指出，要"注重扶贫同扶志、扶智相结合"。习近平总书记强调，"扶贫先扶智，扶贫必扶志"，"贫困地区、贫困群众首先要有'飞'的意识和'先飞'的行动。没有内在动力，仅靠外部帮扶，帮扶再多，你不愿意'飞'，也不能从根本上解决问题"。[①] 在扶贫脱贫的过程中，"智"和"志"是内力、内因，只有真正激发贫困人口脱贫的这种内力、内因，才能形成脱贫致富的可持续发展能力，才能阻断贫困的代际传递。从这一点上讲"教育扶贫"是最能发挥贫困人口的主体作用的精准扶贫，是最能解决贫困根源的扶贫方式。

党的十八大以来特别是在 2018 年之后，内蒙古脱贫攻坚爬坡过坎、负重前行、扎实推进，全区减贫人数 23.5 万人，贫困发生率下降到 1.06%；10 个国贫旗县、13 个区贫旗县完成评估，可实现摘帽任务。57 个贫困旗县农牧民人均可支配收入达到 12422 元，同比增长 10.2%。[②] 但是面临的困难挑战也同样巨大，需要解决的突出问题依然不少。"行百里者半九十"，必须要清醒认识和把握内蒙古自治区打赢脱贫攻坚战面临任务的艰巨性，清醒认识把握实践中存在的突出问题和解决这些问题的紧迫性，不放松、不停顿、不懈怠，充分发挥民族教育的扶贫功效，将治贫与治愚结合，将扶智与扶志结合，保证全面小康目标的顺利实现，保证贫困人口的稳定脱贫持久脱贫。

内蒙古民族教育扶贫在长期的实践过程中形成了丰富的经验，有必要从学术的角度梳理出民族教育扶贫的内蒙古经验，一方面促进研究扎根中国具体国情，另一方面促进探索形成符合中国实际的民族教育扶贫模式并将其转化为切实可行的公共政策，让内蒙古民族教育扶贫的理论与实践形成有效的推广和借鉴。

---

① 习近平：《在深度贫困地区脱贫攻坚座谈会上的讲话（2017 年 08 月 31 日）》，http：//cpc．people．cn/n1/2017/0831/c64094-29507970．html。

② 《2018 年内蒙古减贫 23.5 万人 10 个国贫旗县有望摘帽》，http：//f．china．com．cn/2019-02/28/content_74512945．htm。

在本书的写作过程中，参考吸收了学界对民族教育政策的研究成果，借助了内蒙古自治区政府、教育厅、扶贫办的统计数据，得到了调研地区基层政府、驻村干部及访谈对象的大力配合，还有我亲爱的学生们的热情帮助，在此一并献上深深的谢意！

张艾力

2019 年 6 月 28 日于通辽

图书在版编目（CIP）数据

民族教育扶贫理论及其内蒙古实践／张艾力著. --

北京：社会科学文献出版社，2019.11

　（内蒙古民族大学民族学人类学研究丛书）

　ISBN 978-7-5201-5354-6

　Ⅰ.①民… 　Ⅱ.①张… 　Ⅲ.①少数民族教育-扶贫-

研究-内蒙古　Ⅳ.①G759.2

　中国版本图书馆 CIP 数据核字（2019）第 171855 号

·内蒙古民族大学民族学人类学研究丛书·

民族教育扶贫理论及其内蒙古实践

著　　者／张艾力

出　版　人／谢寿光

组稿编辑／宋月华　周志静

责任编辑／周志静

文稿编辑／孙以年　周志静

出　　版／社会科学文献出版社·人文分社（010）59367215

　　　　　　地址：北京市北三环中路甲 29 号院华龙大厦　邮编：100029

　　　　　　网址：www.ssap.com.cn

发　　行／市场营销中心（010）59367081　59367083

印　　装／三河市尚艺印装有限公司

规　　格／开　本：787mm×1092mm　1/16

　　　　　　印　张：11　字　数：191 千字

版　　次／2019 年 11 月第 1 版　2019 年 11 月第 1 次印刷

书　　号／ISBN 978-7-5201-5354-6

定　　价／98.00 元

本书如有印装质量问题，请与读者服务中心（010-59367028）联系